Auf den Spuren der Künstlerkolonie Ahrenshoop

Zum Zusammenspiel von Kultur und Tourismus

mit der Fotografie »Badewagen« von Maren Held

Für Hanna

DANIELA LANGE

Auf den Spuren der Künstlerkolonie Ahrenshoop

Zum Zusammenspiel von Kultur und Tourismus

Bibliografische Information der Deutschen Nationalbibliothek: Die Deutsche Nationalbibliothek verzeichnet diese Publikation in der Deutschen National-bibliografie; detaillierte bibliografische Daten sind im Internet über http://www.dnb.ddb.de abrufbar.

© 2008 Daniela Lange
Coverfoto: »Badewagen« von Maren Held. © Maren Held
Umschlaggestaltung: Thomas Ottich
Herstellung und Verlag: Books on Demand GmbH, Norderstedt
ISBN: 978-3-83702-929-1

INHALT

1. VORBEMERKUNG

Jährlich strömen rund fünf Millionen Touristen an die deutsche Ostseeküste. Zehntausende von ihnen zieht es nach Ahrenshoop. Sie suchen nicht nur die Nähe zum Meer, sondern wandeln auf den Spuren der einstigen Künstlerkolonie. Doch welche Entwicklungen gingen der touristischen Aufwertung des früheren Schifferdorfes an der Scheide zwischen Fischland und Darß voraus?

Der Teilhabe breiter Bevölkerungsschichten an Mobilität, Konsum und Fremdenverkehr liegen vielfältige Wandlungsprozesse zugrunde. In der Zeit zwischen dem 19. Jahrhundert und den 1950er Jahren vollzog sich die Wende vom Erholungsreisen als Privileg der Gesellschaftseliten zum endgültigen Bestandteil der Massenkultur: Aus dem Reisenden wurde der Tourist. Mit der Ausprägung differenzierter Reisemotive, -formen und -erwartungen entfaltete sich zu Beginn des vergangenen Jahrhunderts eine Urlaubsindustrie. Im vorliegenden Band wird diese Entwicklung ausgehend von den sozialen, ökonomischen, verkehrstechnischen und rechtlichen Voraussetzungen mit Fokus auf die deutsche Ostseeküste und die Halbinsel Fischland-Darß-Zingst betrachtet.

Die wissenschaftliche Auseinandersetzung mit dem Tourismus hat in der Vergangenheit auch jenseits ökonomischer Aspekte eine enorme Aufwertung erfahren. Die Betrachtung des Fremdenverkehrs als kulturhistorisches Phänomen erlebte in einem interdisziplinären und internationalen Forschungsfeld einen wahren Boom. In dieser Veröffentlichung werden die Perspektiven sozial- und kulturgeschichtlicher Ansätze vereint und Bezüge zur gegenwartsbezogenen Tourismusforschung hergestellt. Die Herausbildung des zweckfreien Reisens als soziokulturelle Praxis wird hinsichtlich ihrer sozialen, gesellschaftspolitischen und mentalitätsgeschichtlichen Rahmenbedingungen seit dem Ende des 18. Jahrhunderts beleuchtet und mit dem gesamteuropäischen Phänomen der Gründung von Künstlerkolonien in Beziehung gesetzt. Letzteres soll entgegen der dominierenden Forschungspraxis nur ansatzweise unter kunsthistorischen Gesichtspunkten betrachtet und primär hinsichtlich seiner strukturellen Rahmenbedingungen untersucht werden.

Im Zuge der Rationalisierungs-, Industrialisierungs- und Urbanisierungsprozesse fand im ausgehenden 19. Jahrhundert ein künstlerischer Paradigmenwechsel statt, mit dem sich auch die gesellschaftliche Rolle des Künstlers wandelte. Mit der Beherrschung der Naturgewalten durch moderne Wissenschaften und Techniken sowie wachsenden großstadt- und zivilisationskritischen Tendenzen gingen im letzten Drittel des 19. Jahrhunderts eine Hinwendung zum ländlichen Raum und eine ästhetische Naturbetrachtung durch die Künstler einher. Die Abwendung von der akademischen Ateliermalerei zugunsten der Freiluft- und Landschaftsmalerei war erst durch diese Neubewertung der Natur möglich. Vor diesem Hintergrund wird die Tätigkeit des Kunstmalers hier als ein akademischer Beruf verstanden, der seit etwa 1850 durch die Spannung zwischen dem Zwang zur Existenzsicherung und der künstlerischen Autonomie und Individualität gekennzeichnet war.

Die Themenkomplexe der Entwicklung des Tourismus und der Gründung von Malerkolonien werden am Beispiel von Ahrenshoop exemplarisch zusammengeführt. Nach einer einführenden Ortsgeschichte wird das Ostseebad als ein Standort betrachtet, an dem sich die soziokulturellen und sozioökonomischen Wandlungsprozesse an der Schwelle vom 19. zum 20. Jahrhundert manifestierten. Die Entwicklung des Küstendorfes von seiner Konstituierung als Künstlerkolonie bis zur heutigen Musealisierung und Vermarktung dieses kulturhistorischen Erbes soll nachvollzogen werden, um die langfristigen gesellschaftlichen und mentalen Transformationsprozesse zu erfassen. Skizziert wird demnach die sich wechselseitig bedingende Entwicklung Ahrenshoops zur Künstlerkolonie und zum Ostseebad, auf der die heutige kulturtouristische Profilierung als Künstlerort beruht. Beispielhafte Institutionen wie der *Kunstkaten* als erstes Ausstellungshaus, der *Ahrenshooper Verein für gemeinnützige Zwecke* als Initiator infrastruktureller Maßnahmen und die *Bunte Stube* als bedeutendstes Kunstgewerbegeschäft verdeutlichen die Einflüsse der ersten Künstler und Sommergäste auf das Ortsbild und die touristische Orientierung.

Die Analyse von Kunstwerken, Reise- und Regionalliteratur[1], Zeitungsberichten und -annoncen, Bildpostkarten sowie Werbemitteln soll zeigen, wie die künstlerischen und medialen Perspektiven die stereotypen Wahrnehmungsmuster und Vorstellungsbilder von Ahrenshoop mitprägten und den normierten »touristischen Blick« der Gäste konstituierten. Dementsprechend veränderten sich die Außenwirkung und das Selbstbild des Ortes und seiner Bewohner.

Der Tourismus nahm auch Einfluss auf die kulturelle Identität des Dorfes. Es kam zu Abhängigkeiten und Distinktionsbemühungen zwischen Einheimischen, Sommergästen und den nachfolgenden Touristen. Deutlich werden eine idealisierte und stereotype Betrachtung des Landlebens und seiner Bevölkerung

---

[1] In den nachfolgenden Zitaten wurde die Schreibweise zum Zeitpunkt der Niederschrift bzw. Veröffentlichung beibehalten.

durch die Städter und die mit der Entwicklung zum Ostseebad einhergehende Professionalisierung der Einheimischen, die aus Reisenden und Bereisten touristische Konsumenten und Dienstleister machten. Ein Überblick über die Sonderrolle Ahrenshoops als »Bad der Kulturschaffenden« im DDR-Tourismus vervollständigt den Abriss der Ortsgeschichte.

Die für den postmodernen globalen Tourismus kennzeichnende optische und kulturelle Angleichung und Austauschbarkeit der Destinationen führt gegenwärtig zu einer Besinnung auf lokale Identitäten und Besonderheiten. Vor diesem Hintergrund wird zuletzt die touristische Spezialisierung der Gemeinde Ahrenshoop auf ihr kulturhistorisches Erbe betrachtet. Anhand von aktuellem Datenmaterial soll zunächst der generelle Stellenwert des Tourismus und im Besonderen des Kulturtourismus in Mecklenburg-Vorpommern und in Ahrenshoop dargelegt werden. Die Beispiele *Kunstkaten*, *Kunstauktion*, *Kunstmuseum* und *EuroART* demonstrieren das Zusammenspiel von Kultur und Fremdenverkehr sowie die kulturtouristische Inszenierung, Musealisierung und Vermarktung der Ortsgeschichte. Eine Schlussbetrachtung fasst die wesentlichen Erkenntnisse dieser Publikation zusammen.

2. Die Entwicklung von Bäderwesen und Fremdenverkehr in Deutschland und an der deutschen Ostseeküste

2.1 Natursehnsucht und Idealisierung des Landlebens um 1900

»Die Mehrzahl der Zeitgenossen, in Großstädten zusammengesperrt und von Jugend auf gewöhnt an rauchende Schlote, Getöse des Straßenlärms und taghelle Nächte, hat keinen Maßstab mehr für die Schönheit der Landschaft, glaubt schon, Natur zu sehen beim Anblick eines Kartoffelfeldes und findet auch höhere Ansprüche befriedigt, wenn in den mageren Chausseebäumen einige Stare und Spatzen zwitschern. Rührt aber doch einmal vom Klingen und Duften deutscher Landschaft, wie sie noch vor etwa siebzig Jahren war, aus Wort und Bild jener Tage ein Hauch in die verödeten Seelen an, so gibt es alsbald wieder wetterfeste Phrasen genug von ›wirtschaftlicher Entwicklung‹, Erfordernissen des ›Nutzens‹, unvermeidlichen Nöten des kulturellen Prozesses, um den mahnenden Vorwurf zu bannen.«[2]

Die sich im modernen Stadtraum verdichtende Beschleunigung, Versachlichung und Anonymität wurde von den Zeitgenossen zwiespältig aufgenommen. Angesichts einer industrialisierten und urbanisierten Lebenswelt, in der Bevölkerungszunahme und Verstädterung[3] die soziostrukturelle Zusammensetzung der Städte veränderten, kam es zur Ablehnung dieser Tendenzen bis hin zur Großstadtfeindschaft.[4] »Die Suche nach Wahrnehmungsformen, die nicht der zunehmenden Reizüberflutung und den Fragmentierungen des modernen Lebens

---

[2] Bierbaum, O.J.: Eine empfindsame Reise im Automobil von Berlin nach Sorrent und zurück an den Rhein. In Briefen an Freunde beschrieben. Neuausgabe nach der Erstausgabe von 1903, München 1979, S. 235.

[3] Def.: wachsende Konzentration der Bevölkerung in Verdichtungsräumen und somit quantitative Bevölkerungsverschiebung zwischen Stadt und Land. Zwischen 1870 und 1910 stieg der Anteil der deutschen Bevölkerung in Großstädten mit mehr als 100.000 Einwohnern von 5 auf 20 Prozent. 1871 lebten 35 Prozent der Deutschen in Städten mit mehr als 2.000 Einwohnern. 1910 waren es bereits 60 Prozent. Vgl. Lenger, Friedrich: Großstadtmenschen, in: Frevert, Ute / Haupt, Heinz-Gerhard: Der Mensch des 19. Jahrhunderts, Frankfurt / Main, New York 2004, S. 264. Vgl. Vasold, Manfred: Städtewachstum und Stadterneuerung, in: Piereth, Wolfgang: Das 19. Jahrhundert. Ein Lesebuch zur deutschen Geschichte 1815 – 1918, München 1997, S. 48.

[4] Verstädterung und Urbanisierung wurden seit dem 19. Jahrhundert wissenschaftlich und literarisch thematisiert und kritisiert. Z. B. Tönnies, Ferdinand: Gemeinschaft und Gesellschaft (1887); Langbehn, Julius: Rembrandt als Erzieher (1890); Simmel, Georg: Die Großstädte und das Geistesleben (1903).

in der industriellen Zivilisation unterworfen waren, richteten sich auf spezifische Orte, an denen eine besondere Intensität der sinnlich-visuellen Naturerfahrung und die ›urwüchsige‹ Authentizität von Menschen erlebt werden konnte.«[5] Aufgrund der tief greifenden Veränderungen der Lebensrhythmen und -stile sollten die ländlichen Regionen dem Individuum als Gegenwelt zur Stadt einen Rückzugsraum ermöglichen. »In Teilen des Bürgertums[6] entstand ein gegenläufiger Kult der nostalgischen Idealisierung [...] des ländlichen Lebens.«[7]

Als Erste reisten die gesellschaftlichen Eliten, um die Polarität von Stadt- und Landleben für sich zu nutzen. Aufgrund der traditionalen Lebensformen stellten die ländlichen Gebiete für die Städter eine gestrige Welt dar, deren Rückständigkeit im Gegensatz zu den Zwängen der modernen Industriegesellschaft Freiheit und Überschaubarkeit versprach. Der Ortswechsel schien einer Reise in die Vergangenheit gleichzukommen. Insofern war der Naturraum vor allem ein Spiegel der Anschauungskonventionen und Befindlichkeiten der Reisenden.[8]

Der ästhetisierende und idealisierende Blick auf das Landleben war jedoch erst durch den vorangegangenen industriellen und technischen Fortschritt und die scheinbare Beherrschung der Naturgewalten ermöglicht worden. Die Grundlage für die Herausbildung des touristischen Blicks[9] war damit gelegt. Zwar bestand die Chance, von den unhygienischen Wohn- und Arbeitsverhältnissen[10] in den überfüllten Städten Abstand zu nehmen und die bürgerlichen

---

[5] Ruppert, Wolfgang: Der moderne Künstler. Zur Sozial- und Kulturgeschichte der kreativen Individualität in der kulturellen Moderne im 19. und 20. Jahrhundert, 2. Aufl., Frankfurt / Main 2000, S. 204.

[6] Zwar waren bürgerliche Ober- und Mittelschichten sowie Wirtschafts- und Bildungsbürgertum sozial und ökonomisch heterogen, dennoch zeichnet sich die *bürgerliche Kultur* als historische Kategorie durch die Teilung einer bestimmten Mentalität und Lebensführung, kultureller Werte und symbolischer Formen aus. Vgl. Lepsius, Rainer M.: Bürgertum als Gegenstand der Sozialgeschichte, in: Schieder, Wolfgang / Sellin, Volker: Sozialgeschichte in Deutschland. Entwicklungen und Perspektiven im internationalen Zusammenhang, Göttingen 1986, S. 63.

[7] Löschburg, Winfried: Von Reiselust und Reiseleid. Eine Kulturgeschichte, 2. Auflage, Leipzig 1982, S. 217.

[8] Vgl. Spode, Hasso: Der Tourist, in: Frevert, Ute / Haupt, Heinz-Gerhard: Der Mensch des 20. Jahrhunderts, Frankfurt / Main, New York 1999, S. 118.

[9] Den Begriff prägte der britische Soziologe und Tourismusforscher *John Urry*. Vgl. Urry, John: The Tourist Gaze: Leisure and Travel in Contemporary Societies, London 1990.

[10] Diese Bewertung betraf tatsächlich vor allem die Lebensumstände der Arbeiter, zumal die ländlichen Lebensbedingungen nicht gesünder, sondern noch unhygienischer waren. Erst mit der touristischen Erschließung ländlicher Gebiete passten sich diese an städtische Standards an.

Routinen zu hinterfragen, doch eine Überschreitung der sozialen Hierarchien und Konventionen blieb reine Illusion. Die Verherrlichung des schlichten Landlebens funktionierte, indem die Rückkehr zu den Annehmlichkeiten des städtischen Alltags und des bürgerlichen Heims absehbar war.

Vor allem Landschaftsmaler suchten seit Mitte des 19. Jahrhunderts in reizvollen Gegenden die unmittelbare Nähe zur Natur. Die Heimatschutzbewegung, in der sich viele Künstler engagierten, widmete sich der Heimat- und Denkmalpflege. Auch die Mitglieder von Lebensreform- und Gartenstadtbewegungen engagierten sich für eine gesunde, naturbelassene Lebensweise und gründeten Genossenschaften und Landkommunen. »Frei von den Zwängen bürgerlichen Erwerbslebens wollten sie ihre reformerischen und sozialutopischen Vorstellungen in die Tat umsetzen«[11], um sich gemeinschaftlich der Natur und sich selbst wieder anzunähern.

2.2 Der Reisende und der Tourist als soziale Typen des 18. bis 20. Jahrhunderts

Im Verlauf des 18. bis 20. Jahrhunderts wandelte sich in Deutschland der sommerliche Landaufenthalt zum modernen Massenphänomen der alljährlichen Urlaubsreise. Im Kontext dieser Entwicklung sind die sozialen Typen des *Reisenden* und des *Touristen* zu sehen.

Seit dem 18. Jahrhundert unternahmen privilegierte Bevölkerungsschichten Bildungs-, Gesundheits- und zunehmend auch zweckfreie Erholungsreisen.[12] Diese waren ein exklusives, kosten- und zeitintensives Vergnügen. Ansprüche und Handeln der adligen und bürgerlichen Eliten unterlagen auch unterwegs detaillierten Konventionen und Rollenmustern, die strikt und geschlechterspezifisch zu befolgen waren.

Im 19. Jahrhundert ging zunehmend die bürgerliche Familie anstelle des jungen, gut situierten Mannes auf Reisen. Damit konnte sie sich außerhalb des hoch spezialisierten städtischen Raumes auf Zeit wieder vereinen und das Bedürfnis nach Ganzheitlichkeit und Überschaubarkeit befriedigen. »Da [sie] keine

---

[11] Hepp, Corona: Avantgarde. Moderne Kunst, Kulturkritik und Reformbewegungen nach der Jahrhundertwende. Deutsche Geschichte der neuesten Zeit vom 19. Jahrhundert bis zur Gegenwart, München 1987, S. 77.
[12] Ihnen vorangegangen waren Handels-, Pilger-, Abenteuer-, Handwerker-, Entdeckungs-, Eroberungs- und Forschungsreisen.

Produktions-, sondern eine Konsumptionsgemeinschaft war, konnte ihre Funktion als Gegenpol zur kalten Arbeitswelt, als letztes zulässiges Refugium der Gefühle, nur in der gemeinsam verbrachten Freizeit zum Tragen kommen.«[13]

Laut dem Historiker und Soziologen *Hasso Spode* nahm die »sozial-räumliche Dynamik«[14] im Verlauf des 20. Jahrhunderts stark zu. Die zweckgebundene Reise wich dem Tourismus, womit sich auch der Sozialtypus selbst sowie Geschlechtszugehörigkeit[15] und Durchschnittsalter des *Touristen*[16] wandelten. Die Reisemotive[17], -arten[18] und -anlässe[19] differenzierten sich in den ersten Jahrzehnten des 20. Jahrhunderts in den verschiedenen Bevölkerungsschichten aus. Adlige und Bürgerliche wollten hingegen das exklusive Reisen als Mittel der Selbstdarstellung sowie sozialer und räumlicher Distinktion aufrechterhalten. Sie wandten sich neuen Zielorten zu, um dort Angehörigen unterer Schichten in der Rolle der »Ureinwohner« zu begegnen. Die »Demokratisierung des Fremdenverkehrs«[20] brachte das »im Jahresturnus eingebettete Freizeitverhalten«[21]. An- und Abreise sollten möglichst schnell, günstig und ohne Aufwand erfolgen. »Man fuhr nicht mehr um der Reise willen, man reiste schnurstracks zu einem Endort.«[22] Mit der Entwicklung des Fremdenverkehrs zum bedeutenden Wirtschaftsfaktor wurden die infrastrukturellen und institutionellen Bedingungen für den Massentourismus stark ausgebaut. In der Weimarer Republik entstand

---

[13] Hepp 1987, S. 129.

[14] Ebd., S. 130.

[15] Frauen reisten erstmals ohne männliche bzw. familiäre Begleitung.

[16] Um 1800 bezeichnete der *Tourist* eine wohlhabende, männliche Person, die eine längere Rund- oder Bildungsreise im Ausland unternimmt. Mit der Verbreitung des Massentourismus erhielt der Begriff eine negative Konnotation. In Deutschland war zunächst der Bergwanderer gemeint, da Fremdenverkehr als üblicher Begriff für Reisen als Selbstzweck galt. Vgl. Spode, in: Frevert/Haupt 1999, S. 121 f. Hier wird synonym vom Urlauber und Touristen gesprochen, wenn auf Erholungsreisende im 20. Jahrhundert Bezug genommen wird.

[17] Gesundheit, Erholung, Bildung, Kultur, Sightseeing, Abenteuer, Erlebnis, Abwechslung, Ausgleich, Gesellschaft, Naturnähe, Bewegung etc.

[18] Pauschal-, Städte-, Fern-, Gruppen-, See-, Rundreise u. v. m.

[19] Geschäfts-, Badereise, Winterurlaub, Sommerfrische, Ausflug, Wanderung, Familienferien, Verwandtenbesuch etc.

[20] La Grotta, Luigi: Das Bild des Anderen. Der Tourist aus der Sicht des Einheimischen, in: Richter, Dieter: Fremdenverkehr und lokale Kultur. Kulturanthropologische Untersuchungen an der Küste von Amalfi, o. O. 1996, S. 77.

[21] Spode, in: Frevert/Haupt 1999, S. 114.

[22] Löschburg 1982, S. 164.

somit eine industrialisierte und kommerzialisierte Reiseindustrie, die den *Reisen-den* zum Konsumenten touristischer Urlaubswelten machte und den *touristi-schen Habitus*[23] förderte.[24] Die Erholungsreise wurde zu einem grundsätzlichen Bedürfnis, dessen Erfüllung in den folgenden Jahrzehnten immer mehr Menschen aller Gesellschaftsschichten nachkamen.

2.3 Von der Entstehung der Freizeit zum modernen Massentourismus

Neben den infrastrukturellen und technischen Bedingungen mussten sich auch auf der arbeitsrechtlichen und sozialen Ebene die Voraussetzungen für eine Verbreitung von Mobilität, Freizeit und Urlaub entwickeln. Um 1900 hatte sich die Zahl der Reisenden dank verbesserter Verkehrsanbindungen zwar erhöht, dennoch blieb die Erholungsreise den wohlhabenden Schichten vorbehalten. Die sozioökonomischen Verhältnisse und die soziale Herkunft bestimmten die Lebenslagen und somit die Möglichkeit zur Teilhabe an der Freizeit als Selbstzweck. Regeneration blieb zunächst den geistig Tätigen vorbehalten.[25]

Infolge von Industrialisierung und Arbeitsteilung wurde die Erwerbstätigkeit vor allem in den Städten außer Haus verlagert. Die Selbstversorgung wich vielerorts der Lohn- und Gehaltsabhängigkeit, womit die alltäglichen Zeitabläufe und das Erwerbsleben rationalisiert wurden. Arbeit und Freizeit konnten nun zwar voneinander unterschieden werden, dennoch hatten weite Teile der deutschen Bevölkerung weder die erforderlichen finanziellen Mittel noch sicherten ihnen die arbeitsrechtlichen Bestimmungen einen Anspruch auf Urlaub.

Seit 1873 stand lediglich Beamten eine unbezahlte Urlaubsgewährung zu. Beamte und Angestellte konnten sich eine Erholungsreise jedoch nicht leisten, weshalb sie in die Sommerfrische[26] fuhren. Nach 1910 reisten auch Handwerker und selbstständige Kaufleute auf das nahe gelegene Land. Vor dem Ersten Weltkrieg hatten neun Zehntel aller deutschen Arbeiter trotz langer Arbeitszei-

---

[23] Mit dem französischen Soziologen *Pierre Bourdieu* wird unter *Habitus* ein System von Handlungsschemata verstanden. Es ist bestimmt durch die gesellschaftliche Zugehörigkeit und Prägung einer Person durch eine Gruppe oder Klasse und damit zwischen den sozialen Bedingungen und den Lebensstilen gelagert. Vgl. Bourdieu, Pierre: Die feinen Unterschiede. Kritik der gesellschaftlichen Urteilskraft, Frankfurt / Main 2001.

[24] Vgl. Spode, in: Frevert / Haupt 1999, S. 134.

[25] Vgl. Spode, Hasso: Wie die Deutschen »Reiseweltmeister« wurden. Eine Einführung in die Tourismusgeschichte, Erfurt 2003, S. 110.

[26] Erläuterung vgl. S. 55.

ten[27] keinen Urlaubsanspruch.[28] Bezahlter Urlaub und damit die Teilhabe am Tourismus blieb zunächst langjährigen Industrie- und Facharbeitern eines Betriebs als Gratifikation vorbehalten. Ein Arbeiterhaushalt gab nahezu die Hälfte seines Einkommens für die Ernährung der Familie aus; Geld für darüber hinausgehenden Konsum war kaum vorhanden.[29] »Der Luxus einer Urlaubsreise lag vor 1914 außerhalb nicht nur der materiellen, sondern auch der mentalen Horizonte.«[30] Nach der Novemberrevolution von 1918 gelang es den Arbeitern schließlich, ihre Forderungen nach einem tariflich festgesetzten Mindesturlaub partiell durchzusetzen oder in individuellen Absprachen mit dem Arbeitgeber einzufordern. 1931 wurde bestimmt, dass jeder Arbeiter über 18 Jahre einen Anspruch auf jährlich zwei Wochen bezahlten Urlaub habe.[31] Im folgenden Jahr wurde die Wochenarbeitszeit mit der Einführung der 48-Stunden-Woche für Arbeiter und Angestellte reduziert. Der Anspruch auf jährlich 14 Tage bezahlten Urlaub für alle Arbeitnehmer wurde 1933 gesetzlich verankert.

Gewerkschaften und Genossenschaften entwickelten in der Weimarer Republik eine spezifische Ferienkultur, so dass sich die Arbeiter kollektiv und kostengünstig in einfachen Ferienheimen und Gästehäusern von der Enge der Arbeiterwohnungen und -bezirke erholen konnten. Arbeiterkinder verbrachten die schulfreien Wochen gemeinsam in Ferienlagern.[32] Abseits des organisierten Fremdenverkehrs waren für Arbeiter vorrangig gelegentliche Tages- und Wochenendausflüge sowie Verwandtenbesuche finanziell realisierbar.[33]

Die binnenländischen Seengebiete und die Mittelgebirge, die von den Städten aus durch das gut ausgebaute Eisenbahnnetz leicht zu erreichen waren, wurden touristisch erschlossen. Auch das Wandern im Verein, das eine Verbin-

---

[27] »Vor dem Ersten Weltkrieg betrug die durchschnittliche tägliche Arbeitszeit eines Arbeiters in der deutschen Industrie über zehn Stunden, die Arbeitswoche in der Regel sechs Tage. Die durchschnittliche Arbeitszeit betrug mithin um die Jahrhundertwende noch etwas über 60 Stunden in der Woche. Mit der Einführung des Achtstundentages nach dem Ersten Weltkrieg [...] sank die wöchentliche Arbeitszeit beträchtlich.« Robert, Vincent: Der Arbeiter, in: Frevert / Haupt 2004, S. 25.

[28] Vgl. Spode, in: Frevert / Haupt 1999, S. 123.

[29] Vgl. Robert, in: Frevert / Haupt 2004, S. 24.

[30] Spode, in: Frevert / Haupt 1999, S. 123.

[31] Vgl. Koshar, Rudy: German Travel Cultures, Oxford, New York 2000, S. 98.

[32] Vgl. Spode 2003, S. 108 ff.

[33] »Um 1928 gab ein [...] Arbeiter pro Jahr durchschnittlich 12 RM für Erholung aus, ein Angestellter 38, ein Beamter 47, ein Lehrer 107 RM.« Ebd., S. 110.

dung zu Nation und Region schaffen sollte[34], wurde sehr beliebt. Jugendherbergen, Zeltplätze, Pensionen und Hotels entstanden entsprechend der jeweiligen Finanzkraft der Urlauberklientel.

Zugleich wurde die natürliche Umgebung häufig nur noch als konsumierbare Dekoration und purer Freizeitwert aufgefasst.[35] Reisen und Ausflüge wurden in der kommerzialisierten Populär- und Massenkultur zwei von vielen Freizeitaktivitäten neben Sport, Tanz, Rundfunk und Kino. Während die gesellschaftlichen Eliten vor den »Eindringlingen« zu entfernten Reisezielen flohen[36], ermöglichten bezahlter Urlaub, steigende Einkommen, verkürzte Arbeitszeiten[37] und die verbesserte staatliche Sozial- und Gesundheitspolitik[38] den neuen Mittelschichten kürzere, aber häufigere Reisen. Urlaub und Freizeit dienten nicht mehr nur der Regeneration, sondern erlangten einen Eigenwert als wertvolle Zeit, in der individuelle Vorlieben und Aktivitäten ausgelebt werden konnten. Durch die wachsenden Gemeinsamkeiten in Freizeitgestaltung, Mediennutzung und Reiseverhalten wurden die Unterschiede zwischen den sozialen Schichten geringer bzw. weniger bedeutend.

Unter der Herrschaft der Nationalsozialisten sollte »die totale Kontrolle der Freizeit durch ihre vollkommene Institutionalisierung«[39] verwirklicht werden. Ziel dieses staatlich organisierten und zentralisierten *Sozialtourismus* war es, die Bevölkerung durch die »Entprivilegisierung des Reisens«[40] auch außerhalb des Arbeitsalltags zu überwachen und so jegliche Oppositionsbildung im Keim zu ersticken. Daneben wurden eine gesteigerte volkswirtschaftliche Produktivität, die Kräftigung des Volkes und die Sicherung seiner Loyalität angestrebt.

---

[34] Die Anschauung der Natur sollte den Wanderer durch eine gesunde, natürliche und antibürgerliche Lebensweise veredeln. Z. B. der *Wandelvogel*, die *Naturfreunde*.

[35] Vgl. Koshar 2000, S. 99.

[36] Da das Interesse an Auslandsreisen stieg, appellierte u. a. der *Bund Deutscher Verkehrs-Vereine*: »Deutsche, reiset in Deutschland!« Strenge Pass- und Devisenvorschriften förderten den inländischen Fremdenverkehr. Urlaub im eigenen Land wurde als »vaterländische Pflicht« und Teil der Nationenbildung betrachtet. Vgl. Spode, in: Frevert/Haupt 1999, S. 130.

[37] Vgl. ebd., S. 122.

[38] Bessel, Richard: Der Arbeiter, in: ebd., S. 39.

[39] Deutscher Tourismusverband e. V. (DTV): Die Entwicklung des Tourismus in Deutschland 1902–2002, Bonn Mai 2002, S. 7.

[40] Spode, Hasso: Tourismus in der Gesellschaft der DDR. Eine vergleichende Einführung, in: Ders.: Goldstrand und Teutonengrill. Kultur- und Sozialgeschichte des Tourismus in Deutschland 1945 bis 1989, Berlin 1996, S. 20.

Nach Kriegsende war die touristische Infrastruktur vielerorts zerstört und die Unterkünfte mit Flüchtlingen, Vertriebenen und Verletzten belegt. Auch die Einteilung in Besatzungszonen erschwerte das Reisen auf den verbliebenen Verkehrswegen. Zudem hatten die Menschen aufgrund ihrer Existenznöte zunächst andere Prioritäten. Mitte der 1950er Jahre erreichte das Reiseniveau schließlich wieder den Vorkriegsstand und erhöhte sich in den folgenden Jahrzehnten[41] kontinuierlich in allen Gesellschaftsschichten.

In der DDR lebte der *Sozialtourismus* erneut auf und wurde durch hoch subventionierte, staatliche und halbstaatliche Organisationen massiv gefördert und kontrolliert, um die Loyalität gegenüber dem politischen System zu stabilisieren.[42] 1946 wurde das Recht auf bezahlten Urlaub von der Sowjetischen Militäradministration (SMAD) für alle Arbeiter und Angestellten verfügt und 1951 in einem Rahmengesetz verankert. Der *Feriendienst des Freien Deutschen Gewerkschaftsbunds* (FDGB), das *Deutsche Reisebüro* (DER), das Reisebüro der Freien Deutschen Jugend (FDJ) *Jugendtourist*, staatliche Campingplätze sowie Betriebs- und Pionierferienlager waren die größten Veranstalter, deren limitierte Plätze restriktiv vergeben wurden. Gemäß des *Deutschen Tourismusverbands* lag der Anteil der Individualreisen aufgrund der rudimentären privaten touristischen Infrastruktur bei 10 bis 20 Prozent, während laut *Spode* unorganisierte Urlaubreisen unter Hinzunahme des Campings knapp überwogen.[43]

Die Teilhabe der DDR-Bürger am Tourismus war mit 70 bis 80 Prozent enorm hoch. Sie verreisten durchschnittlich 13 Tage pro Jahr, wobei 80 bis 90 Prozent der Fahrten mit Bahn und PKW[44] im eigenen Land unternommen wurden. Flugreisen hatten kaum eine Bedeutung. Nur 10 Prozent aller Zielgebiete lagen im »sozialistische Ausland«[45]. Urlaubsaufenthalte im westlichen Ausland beschränkten sich, bedingt durch Ausreiseverbote und Devisenknappheit, auf Verwandtenbesuche und Rentnerreisen.[46]

---

[41] Mit Ausnahme von Einbrüchen Ende der 1960er und Anfang der 1980er Jahre.

[42] Vgl. Spode, in: Ders. 1996, S. 17 f.

[43] Vgl. ebd., S. 20 und DTV 05 / 2002, S. 43.

[44] Der Trend zur Motorisierung hatte bereits in den 1970er Jahren begonnen, blieb jedoch aufgrund des fehlenden freien Kraftfahrzeugmarkts stark gebremst und glich sich nach der Deutschen Einheit rasch an das westdeutsche Niveau an.

[45] Die durch das DER am häufigsten vermittelten Auslandsreiseziele waren die Sowjetunion, die CSSR, Ungarn, Bulgarien, Polen und Rumänien. Vgl. DTV 05 / 2002, S. 47.

[46] Vgl. DTV 05 / 2002, S. 43 ff.

In der BRD setzte sich die Urlaubsreise auch quantitativ als Massenphänomen durch. Die Länder erließen zunächst Urlaubsgesetze, und ab 1963 regelte das Bundesurlaubsgesetz die Mindesturlaubsdauer. Preiswerte Pauschalreisen gro-ßer Veranstalter und die Möglichkeit günstiger Flugreisen verstärkten seit den 1960er Jahren die Reiseintensität. Autos und Flugzeuge wurden die bevorzug-ten Reiseverkehrsmittel. 1968 überwog die Zahl der Auslandsreisen der Bun-desbürger erstmals die ihrer Inlandsaufenthalte.[47] Die Polarität von Arbeit und Freizeit wich zunehmend einer Pluralität von Lebensstil- und Urlaubsmustern. Obwohl sich der Erholungsurlaub im Verlauf des 20. Jahrhunderts als soziale Norm und kulturelle Praxis etabliert hat, nehmen wohlhabende und gebildete Sozialgruppen nach wie vor überproportional am Tourismus teil.[48]

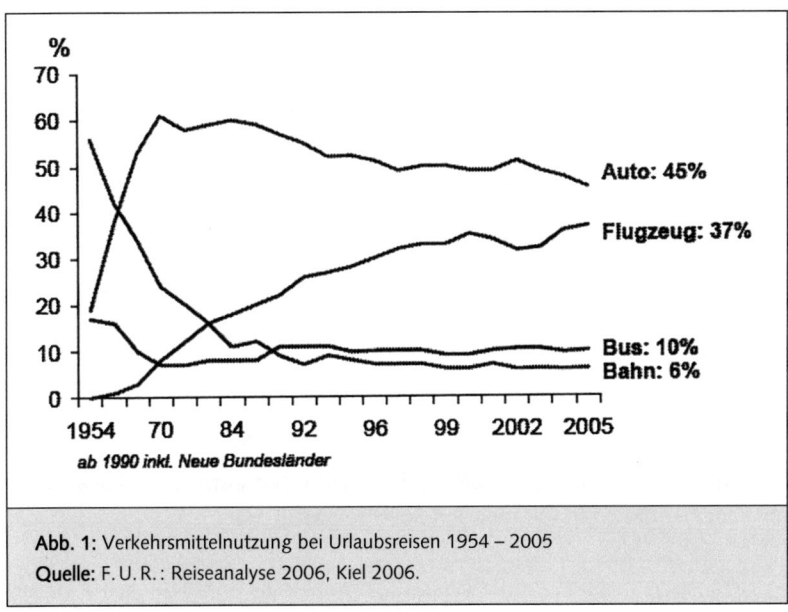

Abb. 1: Verkehrsmittelnutzung bei Urlaubsreisen 1954 – 2005
Quelle: F. U. R.: Reiseanalyse 2006, Kiel 2006.

---

[47] 51 Prozent bzw. 8,6 Millionen Bundesbürger reisten 1968 insbesondere nach Italien, Spanien und Österreich. Vgl. ebd., S. 9.

[48] In den 1950ern waren drei Viertel und zu Beginn der 1970er Jahre die Hälfte der Bundes-bürger noch nicht gereist. Vgl. Pagenstecher, Cord: Neue Ansätze für die Tourismusgeschichte. Ein Literaturbericht, in: Archiv für Sozialgeschichte 38, 1998, S. 601.

2.4 Die Entwicklung des Fremdenverkehrs an der deutschen Ostsee

»Warum hat Deutschland noch kein großes öffentliches Seebad?«, fragte der Philosoph *Georg Christoph Lichtenberg* bereits 1793.[49] Zur Zeit der Romantik wich die Ablehnung von bis dahin als öde und rau geltenden Gegenden einer Ergriffenheit durch die unberührte, erhabene Natur. Im Auftrag des Herzogs von Mecklenburg-Schwerin errichtete *Samuel Gottlieb Vogel,* der Begründer der Meeresheilkunde in Deutschland, 1793/94 das erste deutsche Seebad in Doberan-Heiligendamm. Das Meer entwickelte sich im 19. Jahrhundert zu einem der beliebtesten Reiseziele; das Elementare der Naturkräfte faszinierte. Bis 1848 wurden 26 weitere, zunächst aristokratische See- und Kurbäder gegründet.[50]

Seit dem 18. Jahrhundert beherrschte die Eliten aus Adel und Bürgertum ein Körperempfinden und Lebensgefühl, das von innerer Unruhe bis hin zur Hysterie sowie eingebildeter Invalidität und Mattigkeit bestimmt war und in Verbindung mit ärztlichen Regeln nahezu in einen Gesundheitswahn ausartete. »Hinfort begegnet man dem Meer mit der Erwartung, dass es die Ängste der Elite beruhigt, die Harmonie zwischen Körper und Seele wiederherstellt und dem Verlust der Lebensenergie einer Gesellschaftsschicht, die sich besonders um ihre Kinder, ihre Töchter, ihre Frauen und ihre Denker sorgt, entgegenwirkt. Man erwartet, dass es die schädlichen Auswirkungen der urbanen Zivilisation und die ungesunden Folgen der Bequemlichkeit behebt, ohne die Gebote der privacy zu mißachten.«[51] Die Modernisierungsprozesse schufen somit den Bedarf nach Regeneration, zugleich wurden die touristischen Praktiken der Zerstreuung und Geselligkeit[52] legitimiert. Auch das Bürgertum entdeckte die Fischerdörfer zu Beginn des 19. Jahrhunderts. Während seine Vertreter adlige Gepflogenheiten nachahmten und ihre gesellschaftliche Stellung inszenierten[53], waren an einigen Orten Künstler die ersten prägenden Sommergäste.

---

[49] Vgl. Lichtenberg, Georg Christoph: Warum hat Deutschland noch kein großes öffentliches Seebad? Göttinger Taschen Calender, Göttingen 1793.

[50] Z. B. 1816 Putbus, 1825 Binz-Aalbeck. Vor allem Kaufleute, Beamte, Ärzte und die Landesherren finanzierten die Badeeinrichtungen und -orte. Vgl. Corbin, Alain: Das Abendland und die Entdeckung der Küste 1750–1840, Berlin 1990, S. 351.

[50] Vgl. Ruppert 2000, S. 536 f.

[51] Corbin 1990, S. 88 f.

[52] Z. B. Spielbanken, Theaterstücke, Konzerte, Wasserfahrten, Ausflüge, Promenieren, Tanz.

[53] Vgl. Löschburg 1982, S. 166.

Abb. 2: Postkarte »Ostseebad Heiligendamm. Colonnaden«, Jahr unbekannt
Quelle: Verlag A. Beckmann, Hof-Fotograf, Doberan, Privatbesitz.

Anfang des 19. Jahrhunderts war es üblich, mit der Kutsche zu reisen und die Sommermonate durchgehend am jeweiligen Erholungsort zu verweilen. Eine Kutsche erfasste sechs bis zwölf Passagiere und konnte täglich rund 40 bis 50 Kilometer auf den von Schlaglöchern übersäten Landwegen bewältigen. Da eine solche Reise unbequem, langsam und teuer war, kamen für die gutbetuchte Kundschaft nur Ziele in der näheren Umgebung infrage.[54]

Mit dem Ausbau des Eisenbahnnetzes wurde die Bahn zunehmend touristisch genutzt. Das deutsche Schienennetz umfasste im Jahr 1860 11.600 Kilometer. 1880 waren es 34.800 Kilometer und 1914 schließlich 63.700 Kilometer.[55] »Die Passagierzahlen stiegen in der zweiten Hälfte des 19. Jahrhunderts nahezu explosionsartig: Waren es 1860 noch 4,46 Millionen Passagiere, so stieg die Zahl 1870 bereits auf 17,41 Millionen, 1880 auf 71,55 Millionen, 1890 auf

---

[54] Vgl. Prignitz Horst: Vom Badekarren zum Strandkorb. Zur Geschichte des Badewesens an der Ostseeküste, Leipzig 1977, S. 74.

[55] Vgl. Berktold-Fackler, Franz / Krumbholz, Hans: Reisen in Deutschland. Eine kleine Tourismusgeschichte, München, Wien 1997, S. 32. Vgl. DTV 05 / 2002, S. 4.

274,55 Millionen, um im Jahre 1900 schließlich bei 581,63 Millionen anzu-kommen.«[56] Seit der Einführung von Schlaf- und Speisewaggons Ende des 19. Jahrhunderts eignete sich die Eisenbahn umso besser für längere und nächtliche Fahrten sowie Urlaubsreisen. Ab 1911 wurde in den preußischen Zügen und später deutschlandweit durch die Initiative des Deutschen Tourismusverbands mit Bildern für deutsche Landschaften und Orte geworben. Zwar gab es inner-halb des Zugs vier Preis- und damit soziale Klassen, dennoch: »Die Eisenbahn war ein demokratisches Verkehrsmittel: In der ersten Klasse gelangt man nicht schneller ans Ziel als in der vierten.«[57]

Neue Reiseziele wurden entdeckt, während andere, die nicht an den erschlos-senen Eisenbahnstrecken lagen, in Vergessenheit gerieten.[58] Die Fahrten waren günstiger, bequemer und sicherer als jene mit der Postkutsche. Das Reiseerleb-nis trat zugunsten der Transportschnelligkeit in den Hintergrund. Mit der Be-schleunigung schrumpften die Entfernungen, während sich der Reiseradius erweiterte. Die Vorstellungen von Raum und Zeit wurden damit neu definiert. Dennoch wurde die Eisenbahn anfangs von vielen argwöhnisch betrachtet. Körperliche und seelische Schädigungen durch die hohe Geschwindigkeit, Ver-schandelung der Natur und Abschaffung des privilegierten Reisens wurden dem neuen Verkehrsmittel von Fortschrittskritikern vorgeworfen.[59]

An der deutschen Ostseeküste war das Verkehrssystem nur gering ausge-baut. Auch die norddeutsche Bevölkerung stand der Eisenbahn skeptisch ge-genüber, weshalb sich zunächst nur schwer Kapitalgeber für eine Erschließung fanden. Elf Jahre nach Inbetriebnahme der ersten deutschen Bahnverbindung wurde ab 1846 die Eisenbahnlinie Rostock-Schwerin-Hagenow gebaut, wo-durch Rostock an die Strecke Hamburg-Berlin Anschluss fand und die Küsten Mecklenburgs und Pommerns verstärkt touristisch erschlossen werden konnten. Vor allem der Anteil der Berliner Touristen nahm nun stark zu.

Auch die Dampfschifffahrt hatte seit Ende der 1820er Jahre auf der Ostsee vereinzelt den Betrieb aufgenommen.[60] Da Dampfschiffe wetterunabhängig

---

[56] Opaschowski, Horst. W.: Tourismusforschung, Opladen 1989, S. 71.
[57] Spode, in: Frevert / Haupt 1999, S. 120.
[58] Berktold-Fackler / Krumbholz 1997, S. 29.
[59] Vgl. Löschburg 1982, S. 139.
[60] Z. B. Swinemünde-Heringsdorf (1826), Rostock-Warnemünde (1834), Rostock-Zingst (1858), Rostock-Putbus (1862), Stralsund-Ralswiek (1880), Stettin-Sassnitz (1885).

benutzt werden konnten, wurde eine regelmäßige und bequeme Personenbeförderung per Schiff möglich. Zudem waren sie schneller, sicherer und leistungsfähiger als das passagierbefördernde Segelschiff.[61]

Die weitere Entwicklung der Badeorte zwischen 1830 und 1870 verlief dennoch schleppend. Zwar erlebten Segelschifffahrt, Schiffbau und Exporthandel einen Aufschwung, doch hinsichtlich Gewerbe und Landwirtschaft blieben Mecklenburg und Pommern rückständig. Ein Großteil der Bevölkerung lebte weiterhin in Armut. »Bis zur Reichsgründung standen die Seebäder hinsichtlich Komfort, Eleganz, Unterhaltungsmöglichkeiten, Unterkunftsangebot und Besucherzahlen ganz im Schatten der binnenländischen Heilbäder.«[62] Die lokale Elite aus einflussreichen, wohlhabenden Schiffern hatte vor allem auf Fischland und Darß Vorbehalte gegen Badegäste.[63] Es entsprach nicht ihrem Standesbewusstsein, Auswärtige mit Kost und Logis zu bedienen.[64]

Der Aufschwung der Gründerjahre war den französischen Kriegsentschädigungen, dem vergrößerten Wirtschaftsraum und staatlichen Maßnahmen, wie der Gründung der Reichsbank und der Vereinheitlichung von Handelsgesetzgebung, Münzwesen, Maßen und Gewichten, geschuldet. Die wirtschaftliche Konjunktur beförderte den Ausbau von Industrie und Eisenbahnnetz sowie den Aufschwung von Handel, Großbanken und Bauwesen. Mecklenburg und Pommern waren von diesen Entwicklungen weitgehend ausgenommen. Auch die Gästezahlen nahmen trotz wachsender Finanzkraft und steigender Reiselust kaum zu.

Nach dem Niedergang der Segelschifffahrt sattelten die Dörfer auf der Halbinsel Fischland-Darß-Zingst ebenfalls auf den Fremdenverkehr um. Die Einheimischen machten sich den Sommergästen[65] als Badewärter, Vermieter, Fischhändler und Gemüseverkäufer dienstbar. Erste Unterkünfte und Erholungseinrichtungen wurden – oft auch außerhalb des Dorfkerns – errichtet. Vor allem Privatpersonen, Genossenschaften und Aktiengesellschaften fungierten als Geldgeber und Bauherren. Im November 1872 verwüstete eine schwere Sturm-

---

[61] Vgl. Löschburg 1982, S. 142.

[62] Berktold-Fackler / Krumbholz 1997, S. 59.

[63] Z. B. in Wustrow in den 1840ern und in Dierhagen in den 1860er Jahren.

[64] Vgl. Schulz, Friedrich: Ahrenshoop. Die Geschichte eines Dorfes zwischen Fischland und Darß, Fischerhude, 1992, S. 32.

[65] Unter einem *Sommergast* wird eine Person verstanden, die während des Sommers mehrere Wochen im jeweiligen Ostseebad verweilte und zum Teil über einen Sommersitz verfügte.

flut viele Küstendörfer und deren noch rudimentäre Infrastruktur und machte die entlegenen Orte zugleich deutschlandweit bekannt. Die Weltwirtschaftskrise führte ein Jahr darauf zu einer anhaltenden Depression. Die Einheimischen wurden in den folgenden Jahren zudem von einer Agrarkrise geplagt und nahmen verstärkt Sommergäste als Einkunftsquelle auf.

Die kapitalkräftigen pommerschen Bäder sowie das mecklenburgische Seebad Rostock-Warnemünde wiesen die höchsten Gästezahlen auf. Um 1900 waren es insgesamt 120.000 bis 125.000 Besucher, deren Hauptanteil mit je 44.000 und 37.000 Besuchern auf Rügen und Usedom entfiel. Die Halbinsel Fischland-Darß-Zingst zählte dagegen um 1910 erst 10.000 Gäste.[66] Immer mehr Küstendörfer traten als Badeorte in Erscheinung. So warb Dierhagen auf dem Fischland 1898 mit einer Anzeige in der *Rostocker Zeitung*:

> »Es tritt zum ersten Male unter den Badeörtern auf und kann selbstverständlich große Genüsse nicht bieten. Wer in ungestörter Ruhe, in frischer, reinster Seeluft, bei kräftiger Kost und bescheidenen Preisen Erholung und Stärkung sucht, der möge es mal mit Dierhagen versuchen.«[67]

Mit der steigenden Zahl der Seebäder nach 1871 – im Jahr 1914 existierten 142 Ostseebäder – verstärkte sich auch der Konkurrenz- und Preiskampf zwischen ihnen. Aufgrund ihrer wachsenden wirtschaftlichen Abhängigkeit vom Fremdenverkehr professionalisierten sich die Küstenorte. Da Tourismus im Deutschen Kaiserreich als Privatsache galt, wurden vielerorts lokale und regionale Verkehrs-, Verschönerungs- und Kurförderungsvereine[68] gegründet. Ziel war es, den Fremdenverkehr durch Werbung, Gästebetreuung und kulturelle Angebote zu unterstützen sowie das Bewusstsein für seine Bedeutung bei Bevölkerung, Behörden und Politik zu schärfen. Auch die Entwicklung der typischen Bäderarchitektur aus Seebrücken, Kurhäusern und Uferpromenaden fällt in diese Zeit.

---

[66] Vgl. Prignitz, Horst: Vom Badekarren zum Strandkorb. Zur Geschichte des Badewesens an der Ostseeküste, Leipzig 1977, S. 129 ff. Vgl. Anhang Nr. 1, S. 129/130 zur Entwicklung der Gästezahlen auf Fischland-Darß-Zingst 1850–1935.

[67] Zitiert nach ebd., S. 123.

[68] Z. B. *Allgemeiner Deutscher Bäderverband* (seit 1892), *Verband Deutscher Ostseebäder* (seit 1900). Um 1900 waren es ca. 200 Vereine. 1928 gab es deutschlandweit 900 Verkehrsämter und -vereine. Vgl. Berktold-Fackler/Krumbholz 1997, S. 70. Vgl. Spode, in: Frevert/Haupt 1999, S. 131.

Jahr	Zahl der Badegäste
1830	ca. 3.000–3.500
1850	ca. 5.000–5.500
1870	ca. 7.500
1880	ca. 17.000
1890	ca. 50.000
1900	ca. 120.000–125.000

Abb. 3: Badegäste pro Jahr an der deutschen Ostseeküste 1830 – 1900

Quelle: Zusammenstellung nach Prignitz, Horst: Vom Badekarren zum Strandkorb. Zur Geschichte des Badewesens an der Ostseeküste, Leipzig 1977.

Am Ende des 19. Jahrhunderts stand demnach nicht mehr der gesundheitliche Aspekt im Vordergrund. Das »lange Ringen zwischen dem ›Kur-‹ und dem ›Lust-Prinzip‹«[69] war entschieden, auch wenn der Gesundheitstourismus weiter eine tragende Rolle spielte. Infolge dieser Entwicklung wurde der Strand entdeckt, der vorher lediglich als sandiger Weg zum Meerbad gegolten hatte. Strandkörbe, Liegestühle, Sonnenbäder und Badebekleidung wurden modern. Schwimmen löste das geschützte Untertauchen im »gefahrvollen« Meerwasser ab. Aristokratische Blässe wurde durch »gesunde Bräune« ersetzt. Die Lebensreformbewegung propagierte Anfang des 20. Jahrhunderts die Freikörperkultur (FKK) als Teil einer allgemeinen Hinwendung zu Natur, Wandern und Sport.

In den beiden letzten Jahrzehnten des 19. Jahrhunderts wurde das Eisenbahnnetz auch in Mecklenburg und Pommern verstärkt ausgebaut. Zugleich kam das Automobil als neues Gefährt auf. Es war im Gegensatz zu öffentlichen Verkehrsmitteln unabhängig von Zeiten und Strecken und zudem schneller als die private Pferdekutsche. Dennoch blieb es in Deutschland aufgrund der hohen Produktions-, Anschaffungs- und Haltungskosten zunächst ein Luxusgut und Statussymbol, das sich nur die Bessergestellten zu Sport- und Freizeitzwecken leisten konnten. Die Motorisierung machte diese Touristenschicht noch mobiler, flexibler und unabhängiger. Die breite Bevölkerung erlebte hingegen vor allem die Nachteile des neuen Gefährts. Sie klagte über Lärm, Schmutz, Staub, Benzingeruch und den Verlust von Ruhe in der Natur. Besonders auf

---

[69] Berktold-Fackler / Krumbholz 1997, S. 116.

dem Land und in Tourismusgebieten galt das Auto als störende Belästigung, weshalb es zu Protesten durch Tourismusverbände und in Fachzeitschriften[70] kam.[71] Auch die durch die Eisenbahn eingeebneten Schichtunterschiede wurden durch das »elitäre« Auto erneut verstärkt.

Erhöhte Sicherheit und technische Reife, bessere Straßenverhältnisse und rundum verfügbares Benzin machten das Automobil schließlich zum Transportgefährt und erhöhten seine soziale Akzeptanz. Nach 1900 erlebte die deutsche Kraftfahrzeugindustrie einen Aufschwung: Kamen 1907 noch 3.824 Personen auf ein Auto, waren es 1914 nur noch 738 Personen.[72] Im Jahr 1927 betrug die Kraftfahrzeugdichte vier Prozent.[73] Auch Kraftomnibus- und Fluglinien wurden verstärkt eingerichtet[74], um den Bedürfnissen nach schnellen Ortswechseln und effizienter Freizeitnutzung nachzukommen.

Angesichts des Ersten Weltkriegs brachen die Gästezahlen an der deutschen Ostseeküste stark ein. Die Blütezeit der See- und Kurbäder war überschritten. Nach Kriegsende stieg die Zahl der Übernachtungen zunächst nur langsam; viele konnten sich einen Urlaub finanziell nicht leisten. Infolge der Inflation von 1923, der Weltwirtschaftskrise von 1929 und der hohen Arbeitslosigkeit fiel die Gästezahl unter den Vorkriegsstand. Im Jahr 1933 sank sie deutschlandweit um 40 Prozent gegenüber 1928.[75] Die Tourismusbranche appellierte erneut an das Nationalbewusstsein der Deutschen.[76]

Während des Zweiten Weltkriegs brach der Ostsee-Tourismus erneut völlig zusammen und erholte sich anschließend nur schwer. Nach Kriegsende nahmen die Einwohnerzahlen aufgrund der Vielzahl von Umsiedlern, Flüchtlingen und

---

[70] In der Zeitschrift *Der Tourist* hieß es, dass »die 2-3000 Automobilfahrer, die Deutschland im günstigsten Falle zählen mag, drauf und dran sind den Hunderttausenden, die alljährlich im Sommer Erholung und Erquickung in der freien Natur suchen, diesen Genuss unmöglich [zu] machen oder so schwer [zu] beeinträchtigen, dass der gesundheitliche Erfolg in Frage gestellt erscheint«; zitiert nach Haubner, Barbara: Nervenkitzel und Freizeitvergnügen. Automobilismus in Deutschland 1886 – 1914, Göttingen 1998, S. 158.

[71] Vgl. ebd., S. 146, S. 158.

[72] Vgl. ebd., S. 52, S. 168.

[73] Frankreich 7 Prozent, Großbritannien 6 Prozent, USA weit mehr. Vgl. Spode, in: Frevert / Haupt 1999, S. 130. Vgl. Anhang Nr. 2 zur Entwicklung des Kraftfahrzeugbestands in Deutschland, S. 130.

[74] Z. B. der *Bäderdienst* der Lufthansa.

[75] Vgl. Koshar 2000, S. 74.

[76] Vgl. ebd.

Vertriebenen stark zu. Die Beherbergungsmöglichkeiten waren beschädigt, mit Überlebenden belegt oder von den Alliierten beschlagnahmt. Die Gastronomie war kaum handlungsfähig angesichts von Nahrungsmittel- und Energieknappheit. Zudem war der Geldwert bis zur Währungsreform 1948 instabil.[77] Die Verkehrswege, insbesondere das Eisenbahnnetz, waren zerstört. Im Rahmen des Potsdamer Abkommens von 1945 wurden die Ostgebiete des Deutschen Reiches und damit der heute polnische Teil Pommerns von Deutschland abgetrennt.

Nach der Gründung der DDR wurde an der Ostsee ein staatlich subventionierter *Sozialtourismus* betrieben, mit dem neben der Erholung vor allem eine Bindung an den Sozialismus bezweckt wurde. Viele Hotels und Pensionen wurden enteignet und durch den *Feriendienst* des FDGB als Ferienheime genutzt, jedoch bis zur Deutschen Wiedervereinigung 1990 nur notdürftig instand gehalten. Einzelne Neubauten sozialistischen Stils errichtete der *Feriendienst* vor allem in den 1970er und 1980er Jahren. Da es keine Reisefreiheit in das »kapitalistische Ausland« gab, war das inländische Reiseniveau hoch. Neben den Mittelgebirgen waren die Ostseebäder als Reiseziele äußerst beliebt.

---

[77] Vgl. Berktold-Fackler / Krumbholz 1997, S. 108.

3. Voraussetzungen für die Entstehung von Künstlerkolonien in Deutschland

3.1 Kennzeichen von Künstlerkolonien

»Die Landschafter beginnen in die Einsamkeit zu ziehen, man begegnet ihnen nicht mehr so oft in fernen Landen, man sieht sie sich aus dem Dunst der Städte flüchten. Sie wollen nicht mehr als Reisende Sehenswürdigkeiten zustreben, sondern man findet sie im kleinen Kreis auf engem Ort beisammen, wo einer dem anderen in die Tiefe der Natur sehen lernt. Solche Gruppen, die hinausziehen aus der Stadt, um im Dorfe wieder der Natur nahe zu kommen, sind das Bezeichnende für die Landschaft unseres ganzen Jahrhunderts.«[78]

Eine gewandelte Naturwahrnehmung war mit der Entstehung der Künstlerkolonien fest verbunden. Im zeitgenössischen Diskurs galten sie als

»die zum Zwecke des Naturstudiums besonders von Malern seitab von den großstädtischen Kunstcentren gemeinsam gewählten Heimstätten«[79]

»Ansiedlungen von Künstlern in abseits von großen Kunststädten gelegenen, durch eine eigenartige Landschaft bevorzugten Orten zum ruhigen Studium der Natur und zum beständigen Verkehr mit ihr«[80].

Auch hier wird unter einer *Künstlerkolonie* eine dauerhafte Niederlassung oder wiederholte Anwesenheit einer Anzahl von ortsfremden Künstlern zum Zweck des künstlerischen Schaffens in einem ländlichen Gebiet verstanden. »Dabei ist von sekundärer Bedeutung, ob sie von vornherein als freundschaftlich miteinander verbundene, die gleichen Ziele erstrebende Gruppe oder schließlich mehr oder minder unabhängig oder gar isoliert tätige einzelne dorthin gekommen sind.«[81] Künstlerkolonien sind demnach nicht zwangsläufig mit stilbildenden Künstlergruppen gleichzusetzen bzw. entstanden zum Teil als Gegenstück zu Künstlervereinigungen wie *Der Blaue Reiter* oder *Die Brücke*, die mit ihren Pro-

---

[78] Gurlitt, Cornelius: Die deutsche Kunst des 19. Jahrhunderts, Berlin 1900, S. 590.

[79] Brockhaus Konversationslexikon, Bd. 10, Berlin, Wien 1902, S. 802.

[80] Meyers Conversations-Lexikon 1908, zitiert nach Küster, Bernd: »… diese irdischen Paradiese«. Deutsche Künstlerkolonien im 19. Jahrhundert, in: Großmann, Ulrich G.: Künstlerkolonien in Europa. Im Zeichen der Ebene und des Himmels, Ausst.kat. des Germanischen Nationalmuseums, Nürnberg 2001, S. 103.

[81] Wietek, Gerhard: Deutsche Künstlerkolonien und Künstlerorte, München 1976, S. 6.

grammatiken auf eine Kunst- und Lebensreform abzielten. Dennoch war die gemeinsame Faszination durch eine Landschaft Voraussetzung und Motiv für das individuelle künstlerische Schaffen in einer Künstlerkolonie.

Die Kunststile waren vor der Schaffung des deutschen Nationalstaats europäisch geprägt. Die überregionale Mobilität gehörte zum Berufsprofil des Künstlers. Es gab international renommierte Kunstausstellungen, -zentren und -akademien, die bereist wurden.[82] Zwar wurden die Rufe nach einer nationalen, konventionellen Kunst zur Bildung einer Volksidentität und -kultur von staatlicher, institutioneller und Käuferseite in der wilhelminischen Epoche sehr laut. Doch zugleich tendierten die avantgardistischen Bewegungen um 1900 zum Gegenteil solcher Forderungen. Auch der Zeitgeist selbst war geprägt durch ein Gefühl des Wandels und der Flüchtigkeit, was die Hinwendung zu ländlichen Regionen begünstigte. Zwischen den etwa 130 bis 180 nord-, west- und mitteleuropäischen Künstlerkolonien[83] und Künstlerorten gab es somit durch die Reisen sowie Bekannt- und Freundschaften zwischen den Malern häufig Verbindungen.

Die deutschen Maler erhoben Ende des 19. Jahrhunderts die scheinbar unberührte Natur zum Motiv und das künstlerische Schaffen im Freien zu ihrem neuen Credo. Angesichts rasant wachsender Städte und der zunehmenden Rationalisierung der Lebens- und Arbeitswelt wuchs das Bedürfnis nach einer ursprünglichen Umgebung.[84] Die mit der Industrialisierung einhergehende Spezialisierung sollte durch eine künstlerisch neu gewonnene, identitätsstiftende Einheit von Mensch und Natur überwunden werden. Die Abkehr von der akademischen Malerei zugunsten des Studiums der heimischen Natur[85] und der Inspiration durch landschaftliche Motive in einem losen, freundschaftlichen Verband von Gleichgesinnten einte die Maler. Ausgehend von Frankreich entstan-

---

[82] Vor dem Ersten Weltkrieg gab es keinen Passzwang.

[83] Z. B. in Skagen (Dänemark), Cockburnspath (Schottland), Tuusula (Finnland), Oosterbeek (Niederlande), Pont Aven (Frankreich), Ascona (Schweiz), Arvika (Schweden), Kazimierz (Polen). Im noch gering industrialisierten Südeuropa entstanden keine Künstlerkolonien, da die beschriebenen Ursachen für Stadtflucht und Natursehnsucht kaum ausgeprägt waren.

[84] Wietek 1976, S. 6.

[85] *Paul Müller-Kaempff*, Gründer der Ahrenshooper Künstlerkolonie, formulierte es so: »Wir sollten doch nur unsere Heimat malen, mit der wir verwachsen sind und die uns von Kindesbeinen an vertraut ist, statt uns die Motive aus anderen Ländern zu holen.« Müller Kaempff, Paul: Erinnerungen, in: Mecklenburgische Monatshefte, Heft 7, Juli 1926, S. 63.

den in Deutschland etwa 40 Künstlerkolonien in landschaftlich reizvollen Gegenden. Zu den bekanntesten zählen Ahrenshoop, Dachau, Fischerhude, Friedrichshagen, Grötzingen, Hiddensee, Kronberg, Murnau, Nidden (Nida im heutigen Litauen), Schreiberhau, Schwaan, Willingshausen und Worpswede.[86]

3.2 Zur sozialen Rolle und Identität des Künstlers
am Ende des 19. und zu Beginn des 20. Jahrhunderts

Das moderne Künstlertum während des 19. und 20. Jahrhunderts wird mit dem Kulturhistoriker *Wolfgang Ruppert* verstanden als »ein Beruf […], der in der kulturellen Moderne mit dem Aufstieg des Bürgers und der Etablierung der bürgerlichen Gesellschaft umgeformt wurde. […] Ihm wurde als Akteur eine kulturelle Stellvertreterschaft für ›den Bürger‹ übertragen. Man erhob ihn ferner zum Repräsentanten der kreativen Individualität. […] Häufig stand er mit der Aufgabe […] in einer Gegenposition zur Rationalität.«[87]

Der Künstler[88] erlangte seit Mitte des 19. Jahrhunderts in der Kunstproduktion zunehmend Unabhängigkeit von höfischen Auftraggebern und Mäzenaten.[89] Auch Einflussfaktoren wie die Standeszugehörigkeit und das Verständnis der Künste als rational verankertes Handwerk wurden zweitrangig. Der Zweckbezug des künstlerischen Werks wurde durch das »l'art pour l'art«-Credo ersetzt. Zeitgleich entwickelten sich das Ausstellungs- und Kunstvereinswesen sowie Kunsthandel und -kritik als institutionelle Rahmenbedingungen für den autonomen Schaffensprozess des modernen Künstlers.[90] »Die neuen sozialen Bedingungen für die künstlerische Arbeit, der Kunstmarkt und die kleinunternehmerische Selbständigkeit der Maler als ›Geschäftsleute‹ sowie ihre Rolle als ›Träger‹ der Kultur hatten den modernen Künstler zu einem Mitglied der bürgerlichen Gesellschaft umgeformt.«[91]

Der künstlerische Autonomieanspruch war im alltäglichen Konkurrenz- und Existenzkampf jedoch nicht einlösbar. Das Kunstwerk war einerseits eine Ware des marktabhängigen professionellen Künstlers, der andererseits entgegen der

---

[86] Dachau, Grötzingen und Kronberg waren an Akademien angebunden.

[87] Ruppert 2000, S. 38.

[88] Der Fokus liegt auf dem Beruf des Kunstmalers.

[89] Vgl. Anhang Nr. 3, S. 129 eine Übersicht über Künstler im Hauptberuf und in selbstständiger Stellung 1882 – 1933.

[90] Vgl. Ruppert 2000, S. 74.

[91] Ebd., S. 242.

seriellen und kommerziellen Massenkultur seiner kreativen Individualität Ausdruck verleihen wollte. Die künstlerische Unabhängigkeit muss als relativ und ideell betrachtet werden, insofern die Person des jeweiligen Künstlers, seine zeitlichen und Lebensbedingungen, die sozialen und ökonomischen Verhältnisse sowie die Gattungstraditionen und Vorlieben des Publikums zu berücksichtigen sind.[92]

Auch wenn die soziale Herkunft der Künstler generell divergierte und der künstlerische Erfolg über den Lebensstandard mitbestimmte, waren viele dem bürgerlichen Milieu zuzuordnen.[93] Dennoch wurde der *Künstlerhabitus* häufig in Opposition zu dem des Bürgers gesehen, denn das Prinzip des Kunstschaffens entsprach weder der rationalisierten Produktion und spezialisierten Arbeitsleistung anderer Berufe noch dem bürgerlichen Erfolgs-, Besitz- und Sicherheitsstreben. Hierbei handelt es sich um eine realitätsferne Zuschreibung, denn auch Künstler unterwarfen sich häufig einer Arbeitsökonomie, orientierten sich an Kunstmarkt und Konkurrenz und unterhielten eine bürgerliche Lebensweise.

Das Bildungsbürgertum betrachtete die Bildende Kunst als symbolische Repräsentation seines Wertekanons und Teil seiner häuslich-familiären Privatheit. Laut *Ruppert* erwartete es von den Werken die Aufnahme und Interpretation seiner Werte, ästhetische Unterhaltung und Erbauung sowie die Illustration von kollektiv geteilten, identitätsstiftenden Ereignissen.[94] »Nicht die industrielle Gegenwart oder die neue Erfahrung des Flüchtigen in der Moderne, sondern der von den Modernitätserfahrungen entlastende, idealisierende und verklärende Blick auf das kulturell ›Andere‹ befriedigte die mentalen Bedürfnisse der bürgerlichen Kultur.«[95]

Um die Jahrhundertwende wandten sich die Sezessionisten von Historismus und Naturalismus ab und experimentierten mit neuen Bildauffassungen und Wahrnehmungsmustern.[96] Das Kunstwerk wurde endgültig zum Ausdruck künstlerischer Autonomie, individueller Wahrnehmung und persönlichen Stils.[97]

---

[92] Vgl. Damus, Martin: Ideologiekritische Anmerkungen zur abstrakten Kunst und ihre Interpretationen – Beispiel Kandinsky, in: Warnke, Martin: Das Kunstwerk zwischen Wissenschaft und Weltanschauung, Gütersloh 1970, zitiert nach Ruppert 2000, S. 302.

[93] Vgl. Frevert, Ute: Der Künstler, in: Dies./Haupt 1999, S. 310.

[94] Vgl. Ruppert 2000, S. 148.

[95] Ebd., S. 91.

[96] Vgl. ebd., S.176. Vgl. Hepp 1987, S. 129 ff.

[97] Vgl. Ruppert 2000, S. 255.

»Für die Kunst bedeutete diese Entwicklung sowohl einen Funktionsverlust, da sie einen Teil ihrer repräsentativen Aufgaben und damit ihre gesellschaftliche Nützlichkeit verlor, als auch eine Befreiung, da die Künstler aus der direkten Abhängigkeit von ihren Auftraggebern entlassen wurden.«[98] Unabhängig vom konventionellen Publikumsgeschmack und traditionellen Bildauffassungen vollzogen die Avantgardebewegungen eine Radikalisierung und drückten zugleich das veränderte Zeitgefühl aus. Sie formten den Künstlerhabitus und das Kunstverständnis entsprechend ihrer dynamischen, spannungsreichen Gegenwart um, statt eine geschlossene Gegenwelt zu bewahren. Weite Teile der Kunstinteressierten und -sammler lehnten die neuen Malstile ab. Andere Künstler stellten sich zugunsten einer deutschnationalen Kultur- und Kunstauffassung gegen die modernen Tendenzen.

> »Von dem Landschaftsmaler Müller-Kaempff in Ahrenshoop sind vier Bilder mit Motiven vom Mecklenburger Fischland ausgestellt, welche die Diskussion über ästhetische Probleme herausfordern. Was wir vor uns sehen, ist sezessionistische, pleinairistische oder auch impressionistische Malerei, und vielleicht findet sich auch noch ein viertes oder fünftes modernes Schlagwort dazu. In der Nähe besehen ein Kleks, Wüsten und Wüten mit den Farben, daß die Alten zum größten Teil erschrecken würden! Tritt man aber ein paar Schritte zurück, so ist man erstaunt über diese erfolgreich wiedergegebenen, ungemein überzeugend wirkenden Naturausschnitte. […] Aber eins gibt es, was uns vorläufig noch fraglich erscheint. Wird sich das Publikum jemals zu Werken dieser Art bekehren? Gibt es Wohnzimmer, in denen diese Bilder, welche einen reichlichen Abstand des Beschauers erfordern, zu ausreichender Wirkung gebracht werden können?«[99]

Diese im Jahr 1894 in den *Mecklenburgischen Nachrichten* veröffentlichte Rezension einer Ausstellung von Werken des Begründers der Ahrenshooper Künstlerkolonie im Schweriner Museum verdeutlicht den zeitgenössischen ästhetischen Diskurs.

Der Kunstbetrieb, gekennzeichnet durch ein stark gesteigertes Ausstellungswesen und eine zunehmende Zahl an Kunstkritikern und -händlern, ließ kaum

---

[98] Germer, Stefan: Alte Medien – Neue Aufgaben. Die gesellschaftliche Position des Künstlers im 19. Jahrhundert, in: Wagner, Monika: Moderne Kunst. Das Funkkolleg zum Verständnis der Gegenwartskunst, Bd. 1, Reinbek bei Hamburg 1991, S. 97.

[99] Zitiert nach Negendanck, Ruth: Künstlerkolonie Ahrenshoop. Eine Landschaft für Künstler, Fischerhude 2001, S. 31.

noch künstlerische und persönliche Freiheiten zu. Die Künstlerkolonien schienen eine größere Unabhängigkeit zu versprechen, auch wenn die Verbindung zu den städtischen Zentren bestehen blieb. Zugleich waren die finanziellen Voraussetzungen für ländliche Sommeraufenthalte erst durch ein erfolgreiches Kunstschaffen und Agieren auf dem Kunstmarkt realisierbar. Die Gründung der Kolonien kann insofern als Flucht in eine Gegenwelt[100] oder als Selbstbehauptung[101] interpretiert werden.

3.3 Von der akademischen Ateliermalerei zur Freiluft- und Landschaftsmalerei

Der Kunstbegriff der staatlichen Kunstakademien des 19. Jahrhunderts war auf die freien und dem Selbstzweck dienenden »hohen« Künste begrenzt. Abseits von industrieller Massenproduktion, ökonomischer Rationalität und arbeitsweltlicher Spezialisierung sowie fern von Kunstgewerbe und avantgardistischen Strömungen sollten künstlerisch-praktische Fähigkeiten, theoretisches Wissen und kunstgeschichtliche Kompetenzen vermittelt werden. Das Naturstudium wurde in der Ausbildung der Kunstschüler hingegen lange vernachlässigt.

Ein Akademiestudium galt weitgehend als Voraussetzung, um im Beruf des Künstlers Erfolg zu haben. Autodidakten und Absolventen privater Kunst- und Malschulen hatten demgegenüber weniger Ansehen.[102] Als Gegenentwurf zu den traditionsverhafteten Akademien waren sie dennoch sehr beliebt. Sie zogen Menschen aller Bevölkerungsschichten und vor allem Künstlerinnen an, deren beginnende Emanzipationsbestrebungen damit gestärkt wurden.

Seit etwa 1900 gab es jedoch Reformdiskussionen hinsichtlich der künstlerischen Ausbildung und Abgrenzung der Kunstformen. »Im Kontext des mit der Revolution einhergehenden Diskurses über die Beziehung von Gesellschaft und Kunst befand sich die hierarchisch organisierte Akademie in der Defensive, zumal die fiskalischen Kriegsfolgen eine Sparpolitik unausweichlich machten und nach Möglichkeiten zur Verschlankung der tradierten Institutionen gesucht wurde.«[103] Schließlich konnte das konservative Lehrpersonal die avantgardisti-

---

[100] Vgl. Henning, Christoph: Jenseits des Alltags. Theorien des Tourismus, in: Voyage. Jahrbuch für Reise- & Tourismusforschung. Schwerpunkt: Warum Reisen?, Bd. 1, Köln 1997, S. 36 f.
[101] Vgl. Wietek 1976, S. 8.
[102] Vgl. Ruppert 2000, S. 479 f.
[103] Ebd., S. 502. Die Revolution von 1918 ist hier gemeint.

schen Entwicklungen nicht länger ignorieren oder abwehren. Die Verhältnisse an den traditionsbewussten Akademien in den großstädtischen Kunstzentren entsprachen nicht mehr den Erfordernissen der Zeit. Nachdem die Vertreter der Avantgarden als Dozenten nachgerückt waren, wurden individuelle Fähigkeiten und neue Kunstrichtungen in der Ausbildung stärker berücksichtigt. Frauen waren inzwischen für ein Studium zugelassen. Damit war die Künstlerkolonie als Alternative zum Akademieunterricht in dieser Hinsicht hinfällig.

	Akademiekünstler	Bürgerlicher Künstler
Stellung	Beamter, freier Beruf	freier Beruf, Gewerbe
Allgemeinbildung	Talent, Auswahl durch Akademie	nicht geregelt
Ausbildung	Kunstakademie, Meisterklasse, Bildungsreise	Akademie, Gewerbeschule, Praxis
Marktstellung	Teilmonopol (große Staatsaufträge), beschränkte Zahl	freier Wettbewerb
Leistungsbewertung	bürokratisch, Wettbewerb, Jury	Jury, Kritiker, Publikum, Käufer
Preisbildung	Konventionen, Honorare	freie Marktbewertung, Auktion
Leitideen, Regeln, Attitüden	Patronage, Desinteresse, Tradition	Interesse, Routine, Neuheit
Organisation	Korporation, Kunstverein, Künstlergenossenschaft	Kunstverein, Künstlergenossenschaft

Abb. 4: Vergleich Akademiekünstler und Bürgerlicher Künstler im 19. Jahrhundert
Quelle: Siegrist, Hannes: »Institutionalisierung und Professionalisierung der Kultur in Europa«, Vorlesung an die Universität Leipzig, Institut für Kulturwissenschaften, 2005.

Das Atelier war seit der Gründerzeit nicht mehr nur Werkstatt und Arbeitsraum. Es diente der Repräsentation epochetypischer Sammlungen historischer Objekte[104] sowie der Selbstinszenierung des Künstlers und hatte damit maßgeblichen Einfluss auf dessen Ansehen und Erfolg. Konnten oder wollten sich schon in den 1870er und 1880er Jahren nicht alle aufwändig gestaltete Ateliers leisten, so wandten sich die modernen Künstler in den 1890er Jahren endgültig von Historismus und Ateliermalerei ab.

---

[104] Das Sammeln historischer Kunstgegenstände war im Bürgertum der 1870 / 80er Jahre weit verbreitet. Die Objekte galten als Wertanlage und sollten auf ausgeprägtes Bildungswissen und Geschmack verweisen. Damit stabilisierten sie zugleich die dem rapiden Wandel ausgesetzte Identität des Sammlers. Vgl. Ruppert 2000, S. 320, S. 370 ff.

Seit den 1860er Jahren fand die aus Frankreich stammende *Pleinair*-Malerei auch in den deutschen Ländern verstärkt Anhänger, da viele deutsche Künstler Studienreisen in das Nachbarland unternahmen. Die Stimmung des Betrachters war hier die Dominante. Als Motive dienten die unberührte Natur und deren Atmosphäre der Einsamkeit. Der deutsche Begriff *Stimmungsmalerei* wurde 1897 in *Meyers Konversationslexikon* geprägt. Vor dem Hintergrund der Abwendung der Maler und Malschüler von der stark formalisierten und institutionalisierten Akademie- und Ateliermalerei wurden ländliche Umgebungen und Motive durch ihren Gegensatz zur großstädtischen Modernität und Rationalität interessant. Die Kunstvereine boten Ausstellungs- und Verkaufsmöglichkeiten außerhalb der Akademien, womit die Landschaftsbilder dem Publikum nahe gebracht werden konnten.

Mit der Kunsthistorikerin *Renate Fechner* wird die Landschaft in ihrer ästhetischen Bedeutung als neuzeitliches und damit historisches Phänomen[105] verstanden. Die in Antike und Mittelalter als ganzheitlich gedachte Natur wurde von den Naturwissenschaften und Techniken zunehmend beherrscht und verdinglicht. Der moderne Betrachter erblickte die vormals als mythisch und bedrohlich erlebte Natur vorrangig in landschaftlichen Teilausschnitten. Als Gegenpol zur wissenschaftlichen Betrachtungsweise repräsentierten diese Ausschnitte die Natur als Ganzes.

Der Natur als Landschaft wurde eine ästhetische Qualität zugewiesen, welche von philosophischer Ästhetik, Bildender Kunst und Dichtung vergegenwärtigt wurde.[106] Die Landschaft wurde zum Anlass künstlerischen Schaffens, zum ästhetischen Motiv und zur eigenständigen Bildgattung.[107] Laut *Fechner* ist sie nichts objektiv Gegebenes, sondern in ihrer Darstellung von der individuellen Perspektive des Künstlers und seinem Gemütszustand, den Licht- und Wetterverhältnissen sowie Jahreszeiten abhängig. Auch der Betrachter nimmt eine aktive Rolle bei der Erkenntnis ihrer ästhetischen Qualität ein.

Die Landbevölkerung war aufgrund ihrer Existenzabhängigkeit vom natürlichen Lebensraum nicht zu dessen ästhetischer Betrachtung fähig. Die distanzierte Wahrnehmung der ländlichen Umgebung durch die Landschaftsmaler

---

[105] Vgl. Fechner, Renate: Natur als Landschaft. Zur Entstehung der ästhetischen Landschaft, Frankfurt / Main, Bern, New York 1986, S. 6.

[106] Vgl. ebd., S. 56 f.

[107] Vgl. ebd., S. 40 f.

war hingegen der Industrialisierung und Arbeitsteilung geschuldet und sollte durch eine genießende Aneignung des Raums aufgehoben werden. Folglich waren es vor allem Städter und Personen nichtbäuerlicher Herkunft, die sich (temporär) auf dem Land niederließen, um die Natur als bearbeitete Landschaft zu malen. In der Folgezeit nutzten Touristen diese Gebiete zum Zweck der Erholung und Freizeitgestaltung.

Die Anfänge der Neubewertung der Natur finden sich in der Romantik, in der ein idealisiertes Bild der Landschaft als Spiegel der Seele die künstlerische Zugangsweise dominierte. *Philipp Otto Runge* und *Caspar David Friedrich* waren die frühen Wegbereiter der Landschaftsmalerei in Deutschland am Ende des 18. Jahrhunderts. Vor allem die Malerkolonie im französischen Barbizon, die sich bereits in den 1830er Jahren gebildet hatte, nahm maßgeblichen Einfluss auf die Entstehung deutscher Künstlerkolonien. Die Pariser Maler[108] fertigten als Vorstudien Skizzen im Freien an[109], doch erst die Impressionisten verzichteten vollkommen auf die Atelierarbeit, um die unmittelbaren Natureindrücke festzuhalten. Die erhöhte Bedeutung von Farbe, Licht und Stimmung geht nicht zuletzt auf den Einfluss englischer Maler wie *William Turner* und *John Constable* zurück.

Um 1890 setzte sich die Landschaftsmalerei zunehmend gegen die vorherrschende Historien- und Genremalerei durch. Die direkte Malerei nach der Natur bedeutete eine Hinwendung zu unscheinbaren Motiven, einer realistischen Darstellungsweise der heimatlichen Umgebung und einer aufgehellten Farbpalette. Weite, romantisierte Landschaftsdarstellungen wichen der Konzentration auf Landschaftsausschnitte und die Bildmitte sowie der impressionistischen Abstraktion vom Detail. In den Kunstwerken des 19. Jahrhunderts spiegelte sich die gewandelte gesellschaftliche Wahrnehmung von Natur und Landschaft ebenso wie im veränderten Reiseverhalten der Adligen und Bürgerlichen. Häufig waren studienreisende Landschaftsmaler auf der Suche nach einer ganzheitlichen ästhetischen Erfahrung von Natur und Mensch die ersten Besucher reiz-

---

[108] Z. B. *Camille Corot*, *Théodore Rousseau*, *Jules Dupré*, *Jean François Millet* und *Charles-François Daubigny*. Auch deutsche Maler ließen sich in Barbizon nieder. Vgl. Negendanck 2001, S. 19.

[109] »Das Anreiben der Farben und die Vorbereitungen der Malmaterialien waren nur im Atelier möglich. Daher benutzte man bei den Studien im Freien Silberstift, Graphit und Kreide und vor allen Dingen Aquarellfarben.« Ebd., S. 23. Mit der Entwicklung der Zinntuben 1841 durch den Amerikaner *John G. Rand* trockneten die Farben nicht mehr aus.

voller Regionen und machten diese durch ihre Werke den Zeitgenossen zugänglich. Reisebeschreibungen und andere literarische Werke ergänzten die bildlich vermittelten Vorstellungen. In der natürlichen Umgebung fanden die Künstler zugleich einen neuen Schaffensraum, Inspiration und Erholung. Dies war eine entscheidende Voraussetzung für die Entwicklung der nachfolgenden avantgardistischen Kunstströmungen, zum Beispiel des Expressionismus und dessen farbintensiver, abstrakter Landschaftsdarstellung.

4. AHRENSHOOP – EIN KÜSTENDORF AUF DEM WEG ZUR KÜNSTLERKOLONIE UND ZUM OSTSEEBAD

4.1 Ahrenshooper Ortsgeschichte bis 1945

1271 wurde »Arneshop«, das einen einzelnen Hof markierte, erstmals als einer der Ribnitzer Grenzpunkte urkundlich erfasst. Auch in der Ribnitzer Stadtprivilegienbestätigung von *König Erich VI. von Dänemark* fand die kleine Siedlung Erwähnung. 1390 errichtete *Herzog Bogislav VI. von Pommern-Wolgast* eine Burganlage mit Graben und Hafen in Ahrenshoop, die bereits drei Jahre später durch das Hansemitglied Rostock wieder zerstört wurde. Ahrenshoop blieb die nächsten Jahrhunderte bedeutungslos und wies noch 1669 lediglich zwei Höfe auf, während im benachbarten Alt- und Niehagen[110] 1620 bereits 29 Bauernfamilien ansässig waren.[111] Als Folge des Westfälischen Friedens galt Ahrenshoop ab 1648 als westlichster Punkt von Schwedisch-Vorpommern. 1767 zählte die kleine Ortschaft 38 Einwohner.

Die Berufsschifffahrt entwickelte sich seit Mitte des 18. Jahrhunderts auf Fischland und Darß mit Erfolg, verdrängte Fischerei und Landwirtschaft als Haupterwerbsquellen und förderte den Wohlstand. Die Bevölkerung wuchs infolge der von 1760 bis 1875 während Blütezeit der Segelschifffahrt stark an. Nachdem 1790 elf wohlhabende Schifferfamilien aus Mecklenburg übergesiedelt waren und sich in der »Schifferreihe« niedergelassen hatten, profitierte auch das pommersche Ahrenshoop von diesem Aufschwung. Die im Jahr 1806 von *Napoleon* befohlene Kontinentalsperre gegen den Handel europäischer Länder mit Großbritannien führte schließlich zu einem ersten Bruch in der erfolgreichen Schifffahrtsentwicklung. Zwischen 1806 und 1813 wurden Fischland und Darß von den französischen Truppen besetzt. Im Jahr 1815 fiel das übrige Gebiet von Pommern im Rahmen des Wiener Kongresses nach fast zwei Jahrhunderten schwedischer Herrschaft an Preußen – aus dem ehemaligen Herzogtum wurde die preußische Provinz Pommern. Nach der Reichsgründung war der Untergang der Segelschifffahrt nicht mehr aufzuhalten.[112] Berufsfische-

---

[110] Zwischen Althagen und Ahrenshoop verläuft die Grenze zwischen Fischland und Darß sowie Mecklenburg und Vorpommern. Ab dem 1. Juli 1950 bildeten die mecklenburgischen Dörfer Alt- und Niehagen und das vorpommersche Ahrenshoop eine Gemeinde.

[111] Die genaue Einwohnerzahl ist nicht bekannt.

[112] Ursachen waren sinkende Kornexporte aus Deutschland, die seit 1879 geltenden Schutzzölle auf Exportwaren und die Beibehaltung der Holzsegler anstelle der Anschaffung der neuartigen

rei und Landwirtschaft profitierten wirtschaftlich von diesem Niedergang. Jene, die sich auf den neuen Schiffen verdingten, gaben ihren landwirtschaftlichen Nebenerwerb auf. Handwerker und Arbeiter konnten sich nun in den ehemaligen Büdnereien[113] der Seeleute verdingen.

Nachdem sich 1892 eine Künstlerkolonie in Ahrenshoop gegründet hatte, kamen verstärkt Reisende in das ärmliche Dorf. Bereits im Jahr darauf glichen sich die Einwohner- und Gästezahlen mit je 150 Personen an. Die Einheimischen verdingten sich zunehmend als Zimmervermieter und Gastwirte. Mit dem Ausbau der touristischen Infrastruktur stiegen die Gästezahlen sowohl in Ahrenshoop als auch in Alt- und Niehagen an. 1914 verzeichnete Ahrenshoop rund 1.000 Besucher, Alt- und Niehagen zählten je 500. Fremdenverkehr und Dienstleistungsgewerbe wurden wichtige Erwerbsquellen. Folge der skizzierten Entwicklungen waren Veränderungen in der Berufs- und Sozialstruktur.

Mit Ausbruch des Ersten Weltkriegs kam der Tourismus weitgehend zum Erliegen. Versorgungsprobleme, Lebensmittelknappheit und geringe Erwerbsmöglichkeiten kennzeichneten den Alltag von Einheimischen und Künstlern. Noch im Juli 1920 hieß es im *Ribnitzer Stadt- und Landboten*:

> »Der Badebetrieb läßt in diesem Jahr zu wünschen übrig, da der Mittelstand wegen der hohen Eisenbahn- und Pensionspreise fehlt.«[114]

1924/25 kamen zu den wenigen in Ahrenshoop, Alt- und Niehagen verbliebenen Künstlern vermehrt prominente Schauspieler, Musiker und Medienvertreter als neue Bade- und Stammgäste hinzu[115], womit sich der Bekanntheitsgrad und regionale Sonderstatus des Seebades erneut steigerten. 1926 schloss Ahrenshoop schließlich mit etwa 1.000 Besuchern wieder an den Vorkriegsstand an, doch im Verlauf der 1930er Jahre kam es durch die – aufgrund der politischen und wirtschaftlichen Lage – niedrig gehaltenen Kurtaxpreise zu Umsatzeinbußen, Konkursen und wachsenden Konkurrenz- und Preiskämpfen.

Eisen-, Stahlschiffe und Dampfer. Die Schiffer konnten ihren Wohlstand nicht wahren und fassten nur selten Fuß in der modernen Schifffahrt. Heute wird die traditionelle Segelschifffahrt als historisches Erbe gepflegt und als touristische Attraktion genutzt.

[113] Norddeutsches Bauernhaus mit Reetdach inkl. Ställen und Scheunen.

[114] Zitiert nach Schulz 1992, S. 77.

[115] Mit dem Aufkommen von Film und Rundfunk entstanden neue Berufszweige. Der Urlaubsanspruch wurde nun in Tarifverträgen verankert, und Jahresverträge boten eine größere wirtschaftliche Sicherheit.

»Unbill der Witterung und zunehmender Geldmangel aller Kreise haben sich verhängnisvoll ausgewirkt. Wenn die Besucherzahl auch nicht überall im letzten Sommer erheblich abnahm, so ging doch die durchschnittliche Aufenthaltsdauer der Gäste und der Umsatz rapide zurück.«[116]

Im Gegensatz zu den umliegenden Seebädern wurde Ahrenshoop im Dritten Reich nicht zum »Kraft-durch-Freude«-Bad[117] umbenannt, doch der politische Wandel zeigte sich auch hier im Alltag. In einem Werbeprospekt des Bürgermeisters und Künstlers *Hans Brass* von 1933 hieß es zwar: »Zwanglosigkeit und Toleranz sind unsere sorgfältig gehüteten Eigenschaften, was sich auch auf die Politik bezieht.«[118] Dennoch wählten die Ahrenshooper und Althäger die NSDAP 1932/33 bei den Wahlen des Deutschen Reichstags und des preußischen Landtags sowie im darauf folgenden Jahr beim Volksentscheid mit großer Mehrheit.

Anhänger und Vertreter des nationalsozialistischen Regimes verbrachten hier ihren Urlaub, zugleich zogen sich Gegner und Verfolgte, darunter viele Maler, in ihre Ahrenshooper und Althäger Refugien zurück. Unter den Künstlern und Sommerhäuslern fanden sich sowohl Systemkritiker als auch solche, die sich mit den Machthabern arrangierten. Der Ortschronist *Friedrich Schulz* spricht von der »Dominanz des nationalsozialistischen Einflusses in der Gemeindevertretung und den maßgeblichen Ämtern«[119]. 1933 wurde Hitler von der Gemeinde zum Ehrenbürger ernannt. Die Dorfstraße wurde in Adolf-Hitler-Straße, die Straße am Schifferberg in Hermann-Göring-Straße umbenannt.[120]

Mit jährlich 2.500 Gästen in Ahrenshoop, Alt- und Niehagen blieb der Tourismus bis zum Kriegsausbruch die wichtigste Einnahmequelle. Ebenso wie in den anderen Ostseebädern wurde der Aufenthalt jüdischer Kurgäste 1935 ver-

---

[116] N.N.: 16 Pommersche Bäder melden sich zu Wort! 1930 brachte Sorgen!, Pommersche Tagespost, Nr. 282, 4. Beiblatt, 30.11.1930.

[117] Die KdF-Organisation avancierte in den 1930er Jahren zum weltweit größten Reiseveranstalter, organisierte billige Pauschalreisen für die Massen und bewirkte einen Reiseboom im Deutschen Reich. »Bei einem durchschnittlichen Monatsverdienst von 150 Reichsmark zahlte ein Berliner Arbeiter für eine 8-tägige Urlaubsfahrt an die Ostsee 32 Mark. Im Preis enthalten waren die Bahnfahrt, die Unterkunft, die Verpflegung und die Teilnahme an verschiedenen Veranstaltungen.« DTV 02/2002, S. 7.

[118] Abbildung des Prospekts vgl. Schulz 1992, S. 100.

[119] Ebd., S. 109.

[120] Vgl. Protokoll der Sitzung der Gemeindevertretung, 19.04.1933.

boten. In den ersten Kriegsjahren ging der Badebetrieb zunächst weiter, doch die Gästezahlen nahmen stetig ab. Im Dezember 1944 wurden sämtliche Pensionen, leer stehende Häuser und überzählige Wohnräume beschlagnahmt und mit Evakuierten, Vertriebenen und Flüchtlingen belegt. Die Einwohnerzahl stieg von 250 im Jahr 1943 auf mehr als 700 im folgenden Jahr. 1945 übertrafen die rund 750 Flüchtlinge die Ahrenshooper schließlich zahlenmäßig.[121] Am 5. Mai desselben Jahres richtete sich der sowjetische Ortskommandant in der Gemeindeverwaltung ein, sechs Tage später räumten die sowjetischen Soldaten den Ort jedoch. Die Flüchtlinge mussten das Ostseebad ab dem 14. Mai verlassen, damit die Versorgung der einheimischen Bevölkerung und der Umsiedler mit Wohnraum, Lebensmittelrationen, Strom und Medizin gewährleistet werden konnte. Von Bombardements und Artilleriebeschuss blieben die drei Nachbardörfer verschont.

4.2 Die Anfänge des Künstlerortes – Stadtflüchtige Maler gründen eine Kolonie

Die flache Landschaft und ein niedriger Horizont zeichnen das zwischen Ostsee und Bodden gelegene und den Naturelementen ausgesetzte Ahrenshoop bis heute aus. Das mit den Tages- und Jahreszeiten wechselnde Licht entsprach Ende des 19. Jahrhunderts den Vorstellungen der modernen Landschaftsmaler, die in die abgelegene Küstenregion reisten.[122]

> »Ahrenshoop. Wir hatten von seiner Existenz keine Ahnung und blickten überrascht und entzückt auf dieses Bild des Friedens und der Einsamkeit. Kein Mensch war zu sehen, die altersgrauen Rohrdächer, die grauen Weiden und grauen Dünen gaben dem ganzen Bilde einen Zug tiefsten Ernstes und vollkommener Unberührtheit. [...] Nirgends ein öder Nützlichkeitsbau mit Pappdach, nichts was den Gesamteindruck störte; die Dorfstraße sehr breit und sandig [...] kein Drahtzaun, keine Reklametafel. [...] Das war ein Studienplatz, wie ich ihn mir immer gewünscht hatte!«[123]

So stilisierte *Paul Müller-Kaempff* in einer veröffentlichten Erinnerung seinen ersten Blick auf das von der Industrialisierung und Modernisierung noch unbe-

---

[121] Vgl. Schulz, Friedrich: Ahrenshoop. Die Entwicklung des Ortes zum Seebad. Eine Ausstellung der Strandhalle Ahrenshoop, 1999, Tafel 15.

[122] Vgl. Negendanck 2001, S. 5.

[123] Müller-Kaempff Juli 1926, S. 60 f. Die Hervorhebung der Grautöne und der Unberührtheit ist für das damalige Natur- und Landschaftsverständnis charakteristisch.

rührte Ahrenshoop. Die Entdeckung des Dorfes für die Kunst wird in der Regionalforschung jedoch dem mecklenburgischen Landschaftsmaler *Carl Malchin*[124] zugewiesen. Zwei seiner Skizzen[125] bezeugen als älteste erhaltene Werke seine Anwesenheit. Dennoch bleibt fraglich, ob er tatsächlich der Erste war. Die Kunsthistorikerin *Ruth Negendanck* hält *Anna Gerresheim* für die erste Malerin des Ortes, da sie sich schon 1881 im benachbarten Wustrow aufhielt, sich ab 1885 in Ahrenshoop einquartierte und dort seit 1891 ein eigenes Haus bewohnte. Auch die Berliner Malerin *Eva Stort* hielt sich bereits vor *Müller-Kaempff*[126] in Ahrenshoop auf. Der Beginn der Ära als Künstlerkolonie wird dagegen mit der Ansiedlung des Oldenburger Landschaftsmalers *Müller-Kaempff* und der Schwestern *Anna* und *Bertha Gerresheim* auf 1892 datiert. Der Berliner Autor und Karikaturist *Edmund Edel* kommentierte dies 1907 im *Berliner Tageblatt*:

> »Der erste, der Pfadfinder, wird unterdrückt und erst der zweite, dritte, der der ganzen Geschichte mit seiner Person den Stempel aufdrückt, reicht in die Ewigkeit hinein. Und in die Ahrenshooper Ewigkeit hinein, reicht dieser erste blonde Malersmann, der noch heute über den graugrünen Dünen schwebt als der Genius loci, und der heute als ehrwürdiger Professor stolz auf sein Werk blicken kann.«[127]

Damit spielte *Edel* auf *Müller-Kaempff* an, der die Künstlerkolonie initiiert hatte, indem er Künstlerfreunde mitbrachte, einen Wohnsitz errichtete und 1894/95 die Malschule und Pension *St. Lukas* eröffnete. Da Frauen der Zutritt zum Studium an den Kunstakademien erst ab 1919 gewährt wurde, waren solche privaten Zeichen- und Malschulen neben Kunstlehrerseminaren und Kunstgewerbeschulen vor allem für Töchter wohlhabender Familien eine Möglichkeit, sich zu freien Künstlerinnen auszubilden. *Müller-Kaempff* hatte in einer Annonce um Schülerinnen geworben und unterrichtete schließlich 14 adlige und bürgerliche Frauen, unter ihnen *Henriette von Choffel, Helene Heegewaldt, Elisabeth Bel-*

---

[124] 1838 – 1923. Er war kein festes Mitglied der Kolonie, reiste aber häufig dorthin und war mit einigen Malern befreundet.

[125] Betitelt mit »Vier Kinder in den Dünen von Ahrenshoop« sowie »Zwei halbwüchsige Kinder Wilhelm Hallier und Hans Hinze« und beide datiert auf »Ahrendshoop d. 9. Septbr. 1882«.

[126] 1861 – 1941. *Müller-Kaempff* hatte zusammen mit dem Tiermaler *Oskar Frenzel* nahe Wustrow Studien gemacht und dabei Ahrenshoop entdeckt.

[127] Edel, Edmund: Ahrenshoop, das Malernest. Ein Ostseeidyll, in: Berliner Tageblatt, 1907, zitiert nach Negendanck 2001, S. 27.

lot, Ottilie Kaysel und *Elsbeth Schwager.*[128] Einige wurden ebenfalls in Ahrenshoop sesshaft und nutzten ihre Häuser im Sommer gleichzeitig als Pensionen.

Sommermalschule Ahrenshoop a. d. Ostsee.

Vom 1. Mai bis 1. Oktober
Unterricht im Zeichnen und Malen von Figuren, Landschaft, Marine und Stillleben in jeder Technik.
Honorar bei täglicher Correctur 50 Mark.
Den Damen steht die neuerbaute Villa St. Lucas mit
schönen Räumen, Atelier und Garten zur Verfügung.
Vollständige Pension daselbst, Alles in Allem, von monatlich
100 Mark an.
Bei schlechtem Wetter Malen von Costüm-Figuren
im Atelier. Auch stehen für Studien bei schlechtem Wetter trans-
portable, äusserst praktische Malbuden zur Verfügung.

Abb. 5: Printwerbung der Malschule von Paul Müller-Kaempff, um 1900
Quelle: Schulz, Friedrich: Ahrenshoop. Die Geschichte eines Dorfes zwischen
Fischland und Darß, Fischerhude 1992, S. 35.

In den zeitgenössischen Medien kursierten zahlreiche sarkastische und abwertende Darstellungen der als dilettantisch verschrienen »Malweiber« bzw. »Malhühner«. So lästerte *Edmund Edel:*

> »Aber lustig muß diese erste Kunstinvasion gewesen sein. Müller-Kaempff und Wachenhusen erschienen an der Spitze einer ganzen Maltruppe. Einer malenden Weiberschar.«[129]

Den Beginn der Ahrenshooper Künstlerkolonie kommentierte er wie folgt:

> »Diesen ersten Kunstbeflissenen folgten bald andere. Wachenhusen und das feinempfindende Fräulein Gerdesheim (sic!), der liebenswürdige Waldmaler Fritz Grebe und Fräulein von Eicken bildeten den allerersten Stamm der Kolonie, der sich im Anfang der neunziger Jahre hier niederließ und das Dorf und seine weitere Umgebung mit Haut und Haaren verschlang. Künstlerisch verschlang. Motiv nach Motiv. Kein Baum, kein Haus, keine Düne und kein Dornbusch blieb ungemalt, und die ehrsamen Ahrenshooper sperrten die

---

[128] Zu *Wachenhusens* Malschülerinnen zählten u. a. *Eva von Pannewitz* und *Lucie Schindowski.*
[129] Edel, Edmund: Ahrenshoop, das Malernest. Ein Ostseeidyll, in: Berliner Tageblatt, 1907, zitiert nach Negendanck 2001, S. 125.

sonst mürrisch verschlossenen Mäuler auf, als sie sich und ihre friedfertige Umgebung so unversehens in die Unsterblichkeit versetzt sahen.«[130]

Zur ersten Künstlergeneration gehörten daneben unter anderem *Hugo Richter-Lefensdorf*, *Martin Körte*, *Hugo Jaeckel*, *Theobald Schorn* und *Heinrich Schlotermann*. Viele dieser modernen Landschaftsmaler waren an den Kunstakademien[131] ausgebildet worden, hatten zum Teil selbst dort gelehrt und waren in den bedeutenden Kunstausstellungen[132] und Museen regelmäßig vertreten, dennoch waren auch unbekanntere, weniger wohlhabende Künstler unter ihnen. Sie waren keine feste Gruppe und ohne eine gemeinsame Programmatik. In *Müller-Kaempffs* niedergeschriebenen Erinnerungen heißt es:

> »Meine Malschule brachte aber bald weiteren Zuzug und mit den Schülern und Schülerinnen kamen Freunde und Angehörige, Ahrenshoop wurde bekannt, es entstand das erste Hotel auf hoher Düne und die ersten Pensionen.«[133]

Anfangs mieteten sich die Neuankömmlinge in den Häusern der Einheimischen ein.[134] Bis 1897 entstanden in Ahrenshoop zehn Künstler- und Atelierhäuser. Drei Althäger Büdnereien wurden zu Sommersitzen umgebaut.[135] Viele fungierten zugleich als Pensionen, so dass die Badegäste mit der Kunst in Berührung kamen. Da Ahrenshoop zu dieser Zeit noch ein armes Dorf war, in dem im Gegensatz zu den umliegenden Badeorten noch keine Bodenspekulation betrieben worden war, waren Grundstücke und Lebenshaltung günstig. Der Sommerhäusler und langjährige Vorsitzende des *Vereins für gemeinnützige Zwecke Dr. Rudolf Ziel* berichtete über seine zahlreichen Aufenthalte:

> »Ahrenshoop war 1903 von Feriengästen schon stark besucht. [...] Trotz allen ›Badepublikums‹ wurde 1903 noch das Gesicht Ahrenshoops durch die Maler und ›Forensen‹ [...] bestimmt. Müller-Kaempff und Wachenhusen,

---

[130] Edel, Edmund: Ahrenshoop, das Malernest. Ein Ostseeidyll, in: Berliner Tageblatt, 1907, zitiert nach Negendanck 2001, S. 62.

[131] Die Mehrzahl hatte in Berlin, Weimar und Düsseldorf studiert. Besonders die Weimarer Akademie pflegte unter *Theodor Hagen* die realistische Landschaftsmalerei.

[132] Z. B. *Große Berliner Kunstausstellung*, Ausstellungen des *Vereins Bildender Künstlerinnen*.

[133] Müller-Kaempff Juli 1926, S. 62.

[134] Vgl. ebd.

[135] Im mecklenburgischen Althagen war es im Gegensatz zum vorpommerschen Ahrenshoop noch bis 1918 verboten, durch den Erwerb von Bauland Bodenspekulation zu betreiben. Allenfalls Höfe und Büdnereien konnten gekauft werden.

Körte, die Gerresheim, Grebe, die im vorderen Althagen ansässigen Koch und Schlotermann, der Berliner Eichstädt und der Hamburger Rathjen waren die markanten Malergestalten. [...] Später, viel später bin auch ich an den Stammtisch aufgerückt. Aber das Märchen von 1903 war es nicht mehr. Alles [...] war moderner geworden, und die Malschülerinnen Müller-Kaempffs und Wachenhusens saßen nicht mehr als weiße Tupfen auf dem Hohen Ufer, der Kuhweide und am Deich der Ostseite. 1907 und 1909 habe ich Ahrenshoop wiedergesehen, [...]. Das neue Dorf hinter dem Kurhaus entstand, auf dem Hohen Ufer wurden Häuser gebaut, denen Müller-Kaempff prophezeite, sie würden bald in der Luft stehen, wenn eine Sturmflut käme. Wir sahen die alten, vertrauten Gesichter verschwinden. [...] Meine Töchter sagten von klein auf: Ahrenshoop ist unsere Heimat. Bis es dann 1933 wirklich ›unsere Heimat‹ wurde, das Refugium der aus Amt und Brot Vertriebenen.«[136]

1912 und 1914 wurden durch *Franz Triebsch* und *Liselotte Dross* vorerst die letzten Künstlerhäuser gebaut. Beide markieren den Übergang von der ersten zur zweiten Künstlergeneration, zu der auch die Malerinnen und Maler *Dora Koch-Stetter*, *Hans Brass*, *Alfred Partikel*, *Hans-Emil* und *Doris Oberländer*, der Zeichner und Illustrator *Fritz Koch-Gotha*, der Illustrator *Hermann Abeking*, der Fotograf *Fritz Wegscheider* und viele andere zählten.[137] Zu den bekanntesten Künstlergästen gehörten *Lyonel Feininger*, *Karl Schmidt-Rottluff*, *Walter Gramatté*, *Max Pechstein*, *George Grosz* und *Edmund Edel*.

Aufgrund des Ersten Weltkriegs verkauften viele Kolonisten ihre Sommerhäuser und gingen in die Städte zurück. Die Malschulen von *Müller-Kaempff* und *Wachenhusen* und das erste Ausstellungshaus des Ortes, der *Kunstkaten*, wurden geschlossen. Auch Studienreisen waren nicht mehr möglich.

In der Zwischenkriegszeit blühte das Badewesen erneut auf. Die Malerkolonie hatte sich inzwischen zu einem bekannten Bade- und Künstlerort gewandelt. Zwar waren noch einzelne Künstler im Ort tätig und die Kunst präsent, doch gab es im Gegensatz zur Künstlerkolonie-Ära keine verbindenden Gemeinsamkeiten mehr zwischen ihnen. Während viele der Freilichtmaler das Dorf zu ihrem festen Wohnsitz gemacht hatten, kamen die Kunstschaffenden der 1920er Jahre vor allem zu Studien- und Erholungsaufenthalten. Die moderne Landschafts- und Porträtmalerei hatte sich inzwischen längst etabliert. Zwar waren der ersten Künstlergeneration durchaus Vertreter neuer Malrichtungen gefolgt,

---

[136] Glander, Hermann: Ahrenshoop. Maler entdecken ein Dorf, Schwerin 1978, S. 31 f.
[137] Nur *Brass* und *Partikel* waren an führenden Künstlervereinigungen beteiligt.

doch ein spezifischer Kunststil entwickelte sich nicht. In den benachbarten Seebädern Wustrow und Prerow[138] ließen sich hingegen einige Maler nieder, so
dass Ahrenshoop keine herausgehobene Stellung als Künstlerkolonie mehr innehatte. Der Maler, Grafiker und Karikaturist *George Grosz* höhnte 1930:

> »Dieses Ahrenshoop war früher vor dem Kriege eine richtige Künstlerkolonie
> mit richtigen Malern. […] Das ist lange her, haben sich wohl nicht halten
> können, fehlte auch sicherlich an wirklich überragenden Typen. Denn wer
> kennt heute noch die Malernamen […]. Heute zeugen noch originalkünstle-
> rische Katenbauten nach alten Vorbildern, nachgetischlerte Möbel und hei-
> matkünstlerische Aschbecher und Krüge von längst entschwundener
> Pracht.«[139]

In ihrem Werbeprospekt beschrieb die Gemeinde ihr Publikum 1931 wie folgt:

> »Vielleicht erwarten Sie Tanzbars, Luxus, elegantes Leben, Klamauk, dann
> kommen Sie nicht zu uns, wir würden Sie enttäuschen. Ahrenshoop ist ein-
> fach, Sie finden weder mondänes Leben noch billiges Radaupublikum, da-
> gegen viele Wissenschaftler, höhere Beamte, Künstler und gutsituierte Kauf-
> leute.«[140]

Während des Zweiten Weltkriegs flüchteten einige Künstler, Intellektuelle und
Forensen nach Ahrenshoop oder in die umliegenden Orte.[141] Die Halbinsel
Fischland-Darß-Zingst war für sie (temporärer) Begegnungs- und Austauschort
und bot ihnen in Zeiten politischer Krisen einen Rückzugsraum, in dem sie abseits kulturpolitischer Vorgaben tätig sein konnten.

4.2.1 Das erste Ausstellungshaus – Der Kunstkaten

Berlin galt ab etwa 1865 neben München, Wien und Paris als bedeutende
Kunst- und Kulturmetropole, in der zahlreiche namhafte Künstlerinnen und
Künstler wirkten, die Künste in Vereinen, Kunstinstitutionen und Ausstellungshäusern gepflegt wurden und ein ausgeprägter Kunsthandel stattfand. Auch für
die vor allem aus Berlin stammenden Maler der Ahrenshooper Kolonie fungierte

---

[138] Die Expressionisten *Alexej von Jawlensky*, *Marianne von Werefkin* und *Erich Heckel* arbeite-
ten in Prerow.
[139] Brief von George Grosz an den Kunsthistoriker Eduard Plietzsch vom 26.09.1930, in: Knust,
Herbert: George Grosz. Briefe 1913 – 1959, Reinbek bei Hamburg 1979, S. 119.
[140] Vgl. Schulz 1992, S. 100.
[141] Z. B. *Gerhard Marcks*, *Werner Gilles*, *Hans Theo Richter*.

die Stadt als Kunstmarkt und Ausstellungsort. Für viele blieb sie weiterhin der Lebensmittelpunkt und Hauptwohnsitz, an dem sie ihren Unterhalt sicherten.[142]

Ostseebad Ahrenshoop i.P.

Abb. 6: Postkarte »Ahrenshoop i. P.«, Kunstkaten, 1934
Quelle: Fotograf: Fritz Wegscheider, Ahrenshoop, Privatbesitz.

Mithilfe der *Prinzessin Sophie Charlotte*, Ehefrau des Prinzen *Eitel Friedrich von Preußen*, erhielt Ahrenshoop 1909 seine erste Ausstellungs- und Verkaufsmöglichkeit. Der *Ribnitzer Stadt- und Landbote* kommentierte:

>»Die Gemahlin des Prinzen Sophie Charlotte, hat während des letzten Jagdaufenthaltes des Prinzenpaares häufig Ahrenshoop zu Fuß aufgesucht und dort hübsche Motive skizziert. Hierdurch ist das Interesse der hohen Frau für den Ort derart rege geworden, daß auf ihren Wunsch und unter finanzieller Beihilfe des Staatssekretärs Dernburg, der ebenfalls Grundstückspächter in Ahrenshoop ist, ein Ausstellungspavillon für speziell Ahrenshooper und Althäger Bilder gebaut wird. Das Gebäude, daß fast vollendet ist, wurde im Stil der Umgebung gehalten und ist mit imprägniertem Strohdach bedeckt. Der Pavillon wird einen weiteren Anziehungspunkt für den von Natur so ausgestatteten Ort bilden und Kunstliebhaber in noch höherem Maße nach unseren Ort ziehen.«[143]

---

[142] In Ausstellungskatalogen gaben die Künstler die Berliner und die Ahrenshooper Adresse an.

[143] Ribnitzer Stadt- und Landbote, November 1909, zitiert nach Schulz 1992, S. 64.

Nach einem Entwurf der Maler *Schorn* und *Müller-Kaempff* wurde der *Ahrens-hooper Kunstkaten* entsprechend seines Namens in regionaltypischer Manier gebaut und am 11. Juli 1909 eröffnet. Die *Stralsunder Zeitung* berichtete zwei Tage später über die Einweihung:

> »In Erscheinung tritt hier alter Ahrenshooper Bauernstil, künstlerisch neu be-lebt zu mannigfacher verschiedener Anwendung. Diele und Bauerstube enthal-ten Möbel, die gearbeitet nach Entwürfen von Prof. Müller-Kaempff und Th. Schorn sind. Muster für ausgelegte Darßer Teppiche hat Th. Schorn, für kunst-volle Handarbeiten Frau Else Müller-Kaempff entworfen. Die Kleinkunst ist mit vielen Arbeiten vertreten […]. Hinter Diele und Bauerstube öffnet sich ein Oberlichtsaal, bestimmt für wöchentlich wechselnde Ausstellung von Kunst-werken heimischen Stoffes, Gemälden, Zeichnungen, Radierungen. Au-genblicklich sieht man hier überaus reizvolle Landschaftsdarstellungen.«[144]

Unter Verzicht auf einen zwischengeschalteten Kunsthändler oder Galeristen war der *Kunstkaten* zugleich Ausstellungsmöglichkeit und Begegnungsstätte für Künstler, Kunstfreunde und Käufer. Die Ausstellung von Kunstgewerbe sollte die ansässigen Handwerker ermutigen, sich mit der Herstellung von Kunst-handwerk eine neue Verdienstquelle zu erschließen[145], doch das Vorhaben blieb erfolglos. Der *Kunstkaten* sollte zudem ähnliche Bauten anregen, um eine ge-meinsame, regionaltypische Architektur zu fördern.

Die zunächst letzte Ausstellung fand 1918 statt. Das Gebäude befand sich zwischen 1919 und 1946 in Privatbesitz.[146] Der *Kulturbund* pachtete es nach Ende des Zweiten Weltkriegs und eröffnete den *Kunstkaten* am 18. August 1946 mit einer Ausstellung von Werken der zweiten Künstlergeneration wie-der.[147]

---

[144] Zitiert nach Creutzburg, Gerlinde / Gröschner, Annett / Rensch, Inga: Kunststück Ahrens-hoop, Rostock 2004, S. 265.

[145] Schulz 1999, Tafel 9.

[146] Die Antwerpener Familie *Ackermann* und anschließend die Schwestern *Gräfinnen zu Dohna* nutzten das Haus als Wohn- und Sommersitz.

[147] Vgl. Anhang Nr. 4 zur Rolle des Hauses in der DDR-Zeit, S. 132.

4.2.2 Fremd- und Selbstbild als Künstlerkolonie und Seebad

Im Falle Ahrenshoops entdeckten zunächst die Landschaftsmaler und mit ihnen andere Künstler, Forensen[148] und »Isenbahner«[149] das Küstendorf und förderten seine touristische Erschließung. Die Wechselwirkung zwischen Kunst und Fremdenverkehr nahm Ende des 19. Jahrhunderts ihren Anfang. Erst nachdem sich die Landschaftsmaler niedergelassen hatten, wurde das abgelegene Dorf durch ihre Kunstwerke bekannt und sehenswürdig.[150] Die Popularität einiger anwesender Künstler und ihre beruflichen und freundschaftlichen Kontakte in die städtischen Metropolen und andere Künstlerkolonien steigerten den Bekanntheitsgrad und die Gästezahlen. Sowohl die Kunstwerke als auch literarische und publizistische Reflexionen vermittelten das zeitgenössische Natur- und Landschaftsideal und waren an ein bürgerlich-städtisches Publikum adressiert.

Die ersten Reisebeschreibungen und -führer über Fischland und Darß erschienen Anfang des 19. Jahrhunderts.[151] Bis weit ins 20. Jahrhundert hinein reproduzierten die Autoren eine ethnografische, stereotype Sicht auf die Bevölkerung, indem sie den Leser schon vor seiner Ankunft durch ausgewählte Informationen beeinflussten, Sehenswertes empfahlen und die lokale Kultur vor ihrem persönlichen kulturellen Hintergrund interpretierten. Der Tourist wurde gegenüber dem Einheimischen in eine scheinbar überlegene Position gebracht. Diese selektive Wahrnehmung erschwerte eine Annäherung zwischen ihnen.[152]

1926 stilisierte der heute vergessene Schriftsteller *Ernst Duis* die Vergangenheit als Künstlerkolonie und die ländliche Bevölkerung wie folgt:

---

[148] »Forense ist hiernach, wer, ohne im Gemeindebezirke einen Wohnsitz zu haben in demselben seit einem Jahre ein Grundstück besitzt, welches wenigstens den Umfang einer Haltung von Zugvieh zur Bewirtschaft erfordernden Ackernahrung hat, oder auf welchem sich ein Wohnhaus, eine Fabrik oder eine andere gewerbliche Anlage befindet, die dem Werte einer solchen Ackernahrung mindestens gleichkommen«, § 45 Absatz 1 der L. G. O. Forensen – abgeleitet von »Foreigner« – waren vor allem Künstler, Rechtsanwälte, Professoren, Direktoren, Pfarrer, Generäle, Minister, Schriftsteller, Ärzte, Geschäftsleute und gehobene Beamte. Der Ludwigsluster Rechtsanwalt *Otto Kaysel*, dessen Tochter *Ottilie Kaysel* Malschülerin von *Müller-Kaempff* war, kann als erster Forense betrachtet werden. Er erwarb bereits 1896 seinen Sommersitz.

[149] So wurden die Zugereisten bezeichnet.

[150] Ausstellungen z. B. auf der *Großen Berliner Kunstausstellung* und im *Schweriner Museum*.

[151] Vgl. Anhang Nr. 5 eine Auflistung der wichtigsten Reiseliteratur, S. 133.

[152] Vgl. Herdin, Thomas / Luger, Kurt: Der eroberte Horizont. Tourismus und interkulturelle Kommunikation, in: Aus Politik und Zeitgeschichte, Nr. 47, Bonn 2001, S. 11.

>Es war eine seltsame Bewegung, die im vorherigen Jahrhundert Maler, Poe-
ten und Musikanten aus Städten, Dachstuben, Akademien und Ateliers wieder hinaustrieb aufs Land, in die Dörfer, an die See, [...] – wo es Menschen
gibt, die ihre Abhängigkeit von dem Naturdunkel aber stark empfinden; [...]
schwingend in dem Rhythmus von Säen und Ernten, Arbeit und Schlaf, Abhängigkeit und Auflehnung; Menschen mit einfachen, großen Gebärden und
Bewegungen, Gedanken und Empfindungen.«[153]

Bereits 1894 hatte das Dorf in den Sommermonaten mehr Gäste als Einwohner.[154] Zwei Jahre später wurde es erstmals in den weit verbreiteten, beliebten
Baedeker-Reiseführer *Handbuch für Reisende* aufgenommen und in der Ausgabe von 1899 als Malerkolonie und Seebad vorgestellt.[155]

Im 20. Jahrhundert wurde Ahrenshoop verstärkt Schauplatz und Thematik
von Romanen, Theaterstücken, Gedichten, Liedern, Lebenserinnerungen und
Artikeln von Künstlern.[156] Zum einen wurde darin die von den Städtern betrie-
bene Entwicklung zum Badeort satirisch behandelt und kritisiert, und zum anderen wurde die Rückwärtsgewandtheit der Einheimischen beklagt.[157] Zwar hatten
die Maler Ahrenshoop entdeckt, doch »vielfach waren es gerade Schriftsteller,
Lyriker und Journalisten, die für einen größeren Bekanntheitsgrad dieser neuen
Künstlertreffpunkte auf dem Lande sorgten.«[158]

Die Ahrenshooper wurden sich durch das Außeninteresse der Besonderheiten
ihres Dorfes bewusst. Sie erkannten die wirtschaftlichen Vorteile und präsentier-
ten ihre Heimat als Künstler- und Badeort. Da sich die Anwesenheit der Maler
als anziehend auf Gäste erwies und die Popularität Ahrenshoops steigerte, be-
müht sich die Gemeinde früh, ihren Sonderstatus zu nutzen. In ihrem Beitrag
»Ahrenshoop in Pommern« im *Ostseebäderführer* des *Verbands Deutscher
Ostseebäder* von 1929 umwarb sie eine kunst- und naturinteressierte Klientel:

---

[153] Duis, Ernst: Wanderungen auf dem Darß (Juni 1926), in: Müller-Waldeck, Gunnar / Grambow, Jürgen: Auf Dichters Spuren. Literarischer Wegweiser durch Mecklenburg-Vorpommern, Rostock 2003, S. 67.

[154] Das Verhältnis zwischen Gästen und Einheimischen betrug 200:150.

[155] Vgl. Baedeker, Karl: Nordost-Deutschland nebst Dänemark: Handbuch für Reisende, Leipzig
1899, S. 106.

[156] Vgl. Anhang Nr. 6 eine Übersicht der literarischen Texte über Ahrenshoop, S. 134.

[157] Vgl. Tovote, Heinz: Hilde Vangerow und ihre Schwestern (1906); Duis, Ernst: Wanderungen
auf dem Darß (Juni 1926); Brass, Hans: Das Ahrenshooper Gesicht (Juni 1927).

[158] Müller-Waldeck / Grambow 2003, S. 161.

»Der nach Westen gelegene Strand bietet kräftigen Wellenschlag, das Hohe Ufer prachtvollen Rundblick über die reizvolle Landschaft und das Dorf, dessen bunte, farbenfrohe Malerhäuser dem Ort den Namen **Das bunte Ahrenshoop** eingebracht haben.«

Abb. 7: Postkarte Ostseebad Ahrenshoop, 1953
Quelle: Fotograf: Fritz Wegscheider, Hans C. Schmiedicke Kunstverlag, Privatbesitz.

Seit Ende der 1860er Jahre, einer Zeit der gesteigerten Mobilität, diente die Postkarte als Korrespondenzmittel. Seit den 1890ern war sie zudem ein beliebtes Sammelobjekt.[159] Sie verbreitete typische Motive und trug in den weniger gebildeten Schichten sowohl zum wachsenden Interesse an ländlichen Regionen als auch zur Klischeebildung bei.

Die Ahrenshooper Bildpostkarten imitierten für die touristische Werbung die bekannten Malermotive, das heißt weniger das offene Meer als vielmehr die Dünen und Katen, Wald und Mühle, Schifferfriedhof und Fischerboote. Als Nebenerwerb entwarfen die Künstler selbst Kunstpostkarten und deren Vorlagen. Die Postkarten, Bildinserate, Plakate, Souvenirs und Werbeslogans griffen die Tradition als Malerkolonie auf und verdeutlichen die frühe Vermarktung als Künstlerort. Sie reproduzierten das vorgeprägte Image und die damit einherge-

---

[159] Vgl. Negendanck 2001, S. 74.

henden Stereotypen[160] und prägten damit den *touristischen Blick* auf Ahrenshoop. In der *Vossischen Zeitung* hieß es 1928:

> »Eine Sonderstellung nimmt Ahrenshoop ein [...]. Kaum ein anderer Platz an
> der Ostsee hat ein so originelles Gesicht [...]. Was blieb war der Name, der
> Strand und die See. Heute ist Ahrenshoop das Bad des gebildeten Mittel-
> standes, der sich freudig zu der geistigen Vergangenheit des Ortes bekennt.«

Abb. 8: Anzeige der Gemeinde Ahrenshoop im Ostseebäderführer des
Verbands deutscher Ostseebäder, 1929 (Ausschnitt)
Quelle: Kreisarchiv Nordvorpommern, Außenstelle Ribnitz-Damgarten.

---

[160] Das dem Allgemeinbild Widersprechende wird zugunsten der Vereinfachung vernachlässigt.
Stereotype sind nicht a priori negativ, jedoch schwer zu korrigieren und können sich zu Vorur-
teilen verfestigen. Vgl. Herdin / Luger 2001, S. 11.

>»Die Hebung des Fremdenverkehrs beginnt bei der allgemeinen Hebung des Verkehrs überhaupt ein ungemein wichtiger Faktor im Wirtschaftsleben zu werden und ist jeder anderen Industrie gleichzusetzen«[161],

stellte *Brass* ein Jahr später fest. Er engagierte sich intensiv für die touristische Profilierung seiner Gemeinde als Künstler- und Badeort für ein gehobenes Publikum und förderte eine entsprechende Selbstdarstellung.[162] Die deutschlandweite Schaltung von Inseraten in Zeitungen und Fachzeitschriften[163], die Auslage von Broschüren in Verkehrsbüros und Mitgliedschaften in Verkehrs- und Tourismusvereinen[164] stärkten Ende der 1920er und während der 1930er Jahre die Außenwirkung. Die Profilierung als Künstlerkolonie und die wirtschaftlich motivierte touristische Abgrenzung von den umliegenden Seebädern förderten den Wandel des Selbstverständnisses und der lokalen Identität vom Schiffer- und Fischerdorf zum Künstler- und Badeort.

4.3 Von der Künstlerkolonie zum touristischen Reiseziel

4.3.1 Einflussnahmen der Künstler und Sommergäste auf die touristische Entwicklung

Ahrenshoop verfügte zunächst kaum über eine Infrastruktur. An- und Abreise waren für die ersten Sommerfrischler beschwerlich. Auch die notwendigste Ausstattung für den Aufenthalt in einem Privatquartier musste von ihnen mitgebracht werden. Die Lebenshaltungskosten waren dadurch relativ günstig. Im Gefolge der ersten Künstler entdeckten Ende des 19. Jahrhunderts wohlhabende Städter Ahrenshoop für sich. Sie errichteten die ersten Villen und Sommerhäuser. Dieser Bauboom veränderte die dörfliche Architektur und die Zusammensetzung der Einwohnerschaft. Kurz vor Ausbruch des Ersten Weltkriegs gehörte von den 40 Häusern entlang der Dorfstraße bereits die Hälfte Künstlern und Forensen. Sieben Gebäude an Strandweg, Grenzweg und Am Strom waren

---

[161] Brief über die Hebung des Fremdenverkehrs im Kreise Franzburg-Barth von Hans Brass an den Vorsitzenden des Kreisausschusses, 19.03.1929.

[162] Vgl. Anhang Nr. 7 Hans Brass' Kritik an den dominierenden Werbemaßnahmen, S. 135.

[163] Z. B. *Mecklenburgische Monatshefte, Rostocker Anzeiger, Stralsunder Tageblatt, Vossische Zeitung, Hamburger Fremdenblatt, Leipziger Neueste Nachrichten, Hannoverscher Kurier, Rheinisch-Westfälische Zeitung, Der Tag, Neueste Nachrichten, Weser-Zeitung.*

[164] *Verkehrsverein Ahrenshoop* (ab 1927), *Mecklenburgisch-Vorpommerscher Seebäder-Verkehrs-Verband* (ab 1928), *Verkehrsverband für Pommern e. V.* (ab 1929), *Verein Inselbäder Darß-Fischland* (1930 – 31).

ebenfalls im Besitz Auswärtiger. Auch die 17 Bauten am Schifferberg waren Eigentum Ortsfremder. Zudem waren zahlreiche Althäger Büdnereien aufge-kauft und zu Sommerhäusern umfunktioniert worden.[165]

Abb. 9: Postkarte »Ostseebad Ahrenshoop i. P. Strand«, Badeanstalt, Jahr unbekannt
Quelle: Verlag H. Müller, Ahrenshoop, Privatbesitz.

Der Einflussnahme der ansässigen Künstler und Sommerhausbesitzer auf die Entwicklung Ahrenshoops von der Sommerfrische[166] zum Seebad nahm stetig zu. Sie unterstützten die touristische Orientierung, um zusätzliche Einnahme-quellen für sich und die Einheimischen zu schaffen. Vor allem mit der Gründung des *Ahrenshooper Vereins für gemeinnützige Zwecke* nahmen sie aktiv Einfluss auf den Ausbau der Infrastruktur. So entstand 1882 die erste Badehütte. Der

---

[165] Vgl. Schulz 1992, S. 70 f.

[166] Die *Sommerfrische* bezeichnete in der Zeit zwischen 1860 und 1920 sowohl die zweckfreie Reise selbst als auch ihren Zielort. Städtische Familien aus Bürgertum und Mittelschicht ver-weilten mehrere Wochen auf dem Land. Gerade die mangelhafte touristische Infrastruktur und die günstigen Preise wirkten anziehend. Häufig avancierten die Gebiete durch das Engagement von Verschönerungs-, Verkehrs- und Kurvereinen zu Fremdenverkehrsorten. Vgl. Spode 2003, S. 97 ff.

Rostocker Fabrikant *Carl Molchin* errichtete 1891 das Kurhaus *Bogislav*, in dessen Saal er Wandbilder von *Müller-Kaempff* und *Wachenhusen* ausstellte, die Landschaftsmotive und den Alltag der Fischer zeigten.

Die Vertreter der ersten Künstlergeneration waren bestimmend für das gesellige und kulturelle Leben Ahrenshoops. Das Kurhaus war um die Jahrhundertwende ihr gesellschaftlicher Treffpunkt. In den folgenden Jahren entstanden zahlreiche Pensionen, Hotels und Gaststätten.[167] Durch die Bodenspekulation dehnte sich Ahrenshoop auch flächenmäßig aus. Zugleich berücksichtigten die Forensen verstärkt die regionale Bauweise, um das traditionelle Ortsbild zu schützen. Der aufkommende Fremdenverkehr prägte das Landschaftsbild und die Ortsentwicklung nachhaltig. Ursprünglichkeit und Abgeschiedenheit als jene Kennzeichen, die die Künstler und Städter angezogen hatten, gingen verloren.

Fischland und Darß waren jedoch kaum mit dem Festland verbunden. Die ersten Sommergäste reisten mit der Eisenbahn nach Rostock, anschließend etwa zweieinhalb Stunden per Postkutsche nach Ribnitz und von dort mit unregelmäßig verkehrenden Segelbooten oder Fähren zum Althäger Hafen, um in das entlegene Ahrenshoop zu gelangen. 1865 wurde die erste Dampferverbindung zwischen Ribnitz und Wustrow aufgenommen.[168] Die Kleinstadt Ribnitz war seit 1888/89 sowohl von Stralsund als auch von Rostock mit der Bahn erreichbar. Von Wustrow führte ein ungepflasterter, unbeleuchteter Sand- und Waldweg, dessen Passierbarkeit von den Wetterbedingungen abhing, auf die Halbinsel. Im Winter dienten vor allem Segelschlitten und Pferdewagen als Verkehrsmittel. 1905 gründeten die beteiligten Gemeinden einen Wegeverband, um mittels eines Finanzzuschusses des Landtags eine Verlängerung der geplanten Kies-Chaussee von Körkwitz (nahe Ribnitz) über Wustrow bis nach Ahrenshoop zu erreichen. Das Vorhaben blieb ohne Erfolg. Durch die Ausbruch des Ersten

---

[167] Z. B. das Hotel *Nordpol*, die Gaststätte *Zum Seezeichen*, das Café *Namenlos* und die Pension *Charlottenhof*. 1914 gab es vier Hotels, acht Pensionen und diverse Privatquartiere. Der seit 1908 ansässige Architekt *Walter Butzek* errichtete mehrere Häuser und warb ab 1912 mit einem Prospekt um Interessenten für sein Hausmodell »Darßer Blick«, das als Sommersitz und Gästewohnung angelegt war. In Alt- und Niehagen entstanden zwei Gasthäuser sowie eine Pension nebst Gaststätte.

[168] Die Fahrt wurde zweimal täglich angeboten und dauerte etwa eine Stunde. Der Dampfer nach Althagen verkehrte dreimal täglich. Der Rest des Weges nach Ahrenshoop musste zu Fuß zurückgelegt werden, während das Gepäck per Fuhrwerk, Handwagen oder Schiebekarren von den Hausdienern der Unterkünfte gefahren wurde. Zugleich wurden von den Dampfern Nutztiere, Güter und die Post transportiert.

Weltkriegs konnten die kommunalen Belange nicht weiter verfolgt werden. Noch 1928 hieß es im *Ribnitzer Stadt- und Landboten*:

> »Die Fertigstellung der Fischlandchaussee muß gefordert werden; die Postverbindung ist nach wie vor unzureichend. Notwendig sei die Errichtung erstklassiger, leistungsfähiger Hotelpensionen; denn Ahrenshoop ist das Bad des gut situierten Mittelstandes – und das soll es auch bleiben! «[169]

Abb. 10: Postkarte »Ostseebad Wustrow i. Meckl., Am Binnenseehafen«, 1907
Quelle: M. Glückstadt & Münden, Hamburg, Privatbesitz.

Um nach Ahrenshoop zu gelangen, war die Verknüpfung verschiedener Verkehrsmittel nötig. Die Anreise dauerte von Hamburg dreieinhalb Stunden und von Berlin fünf Stunden.[170] Im Jahr 1929 fuhr dreimal täglich ein Bus von Ahrenshoop ins benachbarte Wustrow. Die sandige, den Wetterverhältnissen ausgesetzte Dorfstraße wurde nach Gästebeschwerden[171] notdürftig mit Schlacke aufgefüllt und zum Schutz vor Wind und Staub mit Bäumen bepflanzt.

---

[169] Zitiert nach Schulz 1992, S. 91.
[170] Vgl. Schilling-Berlin, 02.09.1930, S. 6.
[171] Vgl. Anhang Nr. 8, S. 136.

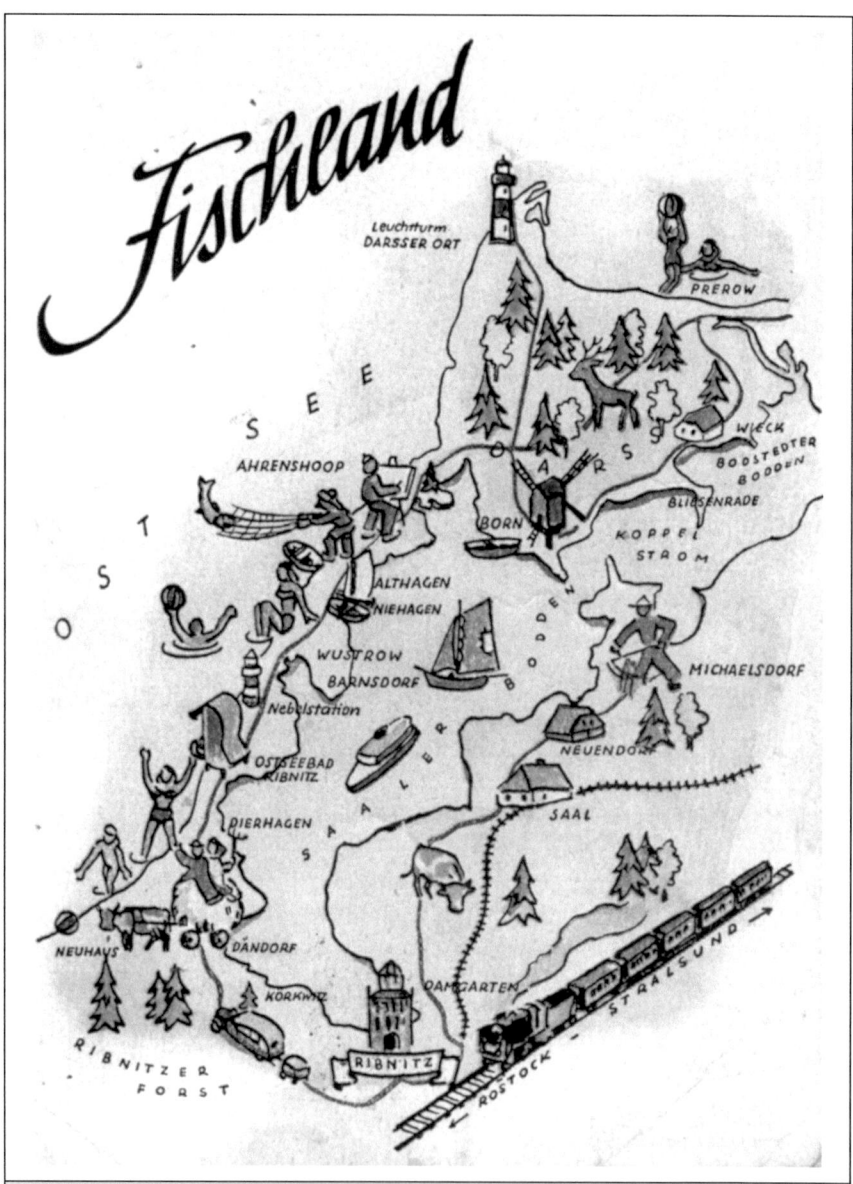

Abb. 11: Postkarte »Fischland«, 1953
Quelle: Entwurf: Georg Hülsse, Ahrenshoop; Druck: Paul Cummerow, Putbus; Privatbesitz.

Am 9. Oktober 1929 wurde die Chaussee nach 30 Jahren Verhandlung für den Verkehr geöffnet und das Fischland damit bis nach Wustrow und seit 1930 bis nach Niehagen befahrbar.[172] Die Darß-Chaussee von der anderen Seite der Halbinsel hörte ebenfalls acht Kilometer vor Ahrenshoop auf. Auch mehrere Versuche, die Anbindung des Ostseebades an den Bahnverkehr zu erwirken, blieben erfolglos, da die Rentabilität nicht glaubhaft gemacht werden konnte.[173] Da der Individualverkehr stark zugenommen hatte, war es für Ahrenshoops touristische Zukunft enorm wichtig, endlich Anschluss an die Fischland-Chaussee zu finden. So hieß es im Werbeprospekt von 1931:

> »Die bequemste, schnellste und billigste Verbindung von Ribnitz nach Ahrenshoop ist das Auto; bisher war der Reisende fast allein auf die Dampfer angewiesen. Sie finden auf dem Bahnhofe stets Autos vor, deren Fahrpreise nicht höher sind, als die bisher üblichen der Dampfer, wenn Sie sich mit einigen anderen Reisenden zusammentun.«[174]

Weitere Maßnahmen wurden getroffen, um den aufblühenden touristischen Wirtschaftszweig zu fördern. Gemeindevorsteher *Hans Brass* sah bereits in den 1920er Jahren in Ahrenshoop, Alt- und Niehagen eine »wirtschaftliche Einheit«[175] und schlug die gemeinsame Nutzung des Strandes und der Badeanstalt vor. Seit 1926 verfügte die Strandnutzungsverordnung, dass das Aufstellen von Verkaufshallen, Buden, Zelten und Strandkörben sowie gewerbsmäßiges Fotografieren gebührenpflichtig sei[176] und der Einwilligung der Gemeindevertretung bedürfe. Die Werbebroschüre der Gemeinde wies 88 gewerbliche und private Unterkunftsvermieter aus. Ein Zimmer mit Vollpension kostete 1931 in der Hauptsaison pro Bett und Nacht 4,50 bis 8,50 Reichsmark[177] und in der Vor-

---

[172] »Die mit einem städtischen Zuschuß von 190 000 Mark leider reichlich schmal aus Beton gebaute Fischland-Chaussee hat zwar eine sichere Landverbindung zwischen dem Fischlande und Ribnitz geschaffen, aber den Stadtsäckel ungewöhnlich stark erleichtert, die beteiligten Dorfgemeinden ungeheuer finanziell belastet und die Dampfschiffahrtsgesellschaft nach Wustrow 1931 bis zur Zahlungseinstellung gebracht«, schrieb *Paul Kühl* in seiner 1933 erschienenen Chronik »Die Geschichte der Stadt und des Klosters Ribnitz«, vgl. Ostsee-Zeitung, 08.07.2006.

[173] 1910, 1912, 1925. Vgl. Anhang Nr. 9 zur Ahrenshooper Verkehrsproblematik, S. 136.

[174] Vgl. Schulz 1992, S. 100.

[175] Brief von Hans Brass an den Althäger Gemeindevorsteher Pahnke vom 21.06.1929.

[176] Verkaufsbude: 10 Reichsmark, Strandkorb: 50 Pfennig (1928: 1 Reichsmark), Fotografieren: 20 Reichsmark (1928: 40 Reichsmark).

[177] Ohne Vollpension 1,50–3,00 Reichsmark.

und Nachsaison 4,00 bis 6,00 Reichsmark[178]. Befestigte Wege, Serviceeinrichtungen, Geschäfte und Freizeitmöglichkeiten gaben Ahrenshoop einen zunehmend städtischen Charakter. In dem von *Brass* entworfenen Werbeprospekt verwies die Gemeinde auf ihre jüngsten infrastrukturellen Neuerungen:

> »Es fehlt an Geld, aber deswegen sind wir nicht arm. Mit Lichtnetz und gepflastertem Bürgersteig haben wir angefangen, jetzt haben wir einen Lesesaal eingerichtet für unsere Gäste, davor eine kleine Anlage. Alles soll noch schöner und besser werden; man muß uns Zeit lassen. Die Badeanstalt haben wir entfernt, da sie nicht mehr den neuzeitlichen Ansichten vom Freibaden entsprach; jetzt baden Sie vom Strandkorb aus. Auskleideräume, die jedes Strandbild verschandeln, sind nicht mehr nötig, denn Sie können ungezwungen im Bade-Dreß zum Strand gehen.«[179]

Das Engagement von *Paul Müller-Kaempff* und *Hans Brass* ist exemplarisch für die Einflussnahmen der Künstler auf Ahrenshoops Entwicklung. *Müller-Kaempff* war bereits 1895 Mitglied der Gemeindevertretung[180] und seit 1904 des *Ahrenshooper Vereins für gemeinnützige Zwecke*. Er regte die erste Kurtaxenverordnung[181] mit an, baute in Niehagen als Gästeunterkunft eine Büdnerei aus und führte die Pension und Malschule *St. Lukas. Brass* war zwischen 1927 und 1931 der erste zugezogene Gemeindevorsteher Ahrenshoops.[182] In seinem Amt und als Betreiber des Kunstgewerbegeschäfts *Bunte Stube* vereinte er künstlerisches Schaffen, touristische Orientierung und Geschäftüchtigkeit.

---

[178] Ohne Vollpension 1,00–2,00 Reichsmark.

[179] Zitiert nach Schulz, Friedrich: Ahrenshoop. Künstlerkolonie an der Ostsee, Fischerhude 2005, S. 72.

[180] Auch der Maler *Theobald Schorn* war seit 1897 Mitglied der Gemeindevertretung.

[181] »Diese Sonderaufgaben bestehen im wesentlichen in der Sorge um Ruhe, Sicherheit und Ordnung, Bequemlichkeit und Sauberkeit der Promenaden und Strassen, Schaffung günstiger Verkehrsverhältnisse in und zum Orte, ordnungsmässige Unterhaltung der Badeeinrichtungen, gute gesundheitliche Verhältnisse, Vermehrung der Schönheit des Ortes selbst und seiner Umgebung, Unterhaltung von Musikkapellen, Einrichtung von Konversationssälen und Lesezimmern sowie in Veranstaltungen zur Unterhaltung und Zerstreuung«, Vortrag »Die Bedeutung der Kurtaxe für Bäder und Kurorte« auf dem Tag des VDO am 24.02.1928.

[182] Allerdings lassen Gerichts- und Gemeindeprotokolle auf seine Unbeliebtheit schließen. Vgl. Anhang Nr. 10 eine Übersicht über die Ahrenshooper Gemeindevorsteher, S. 137.

4.3.2 Der Ahrenshooper Verein für gemeinnützige Zwecke

Durch die rege Bautätigkeit uferte Ahrenshoop nach Norden aus, und die Bodenpreise für Baugrundstücke stiegen stark an. Diese Entwicklung brachte die bevorzugte Errichtung mehrstöckiger Villen und Pensionen in Strandnähe mit sich, wodurch sich das Ortsbild zunehmend wandelte.

---

§ 1
Der Verein will den Genuss der Schönheit von Ahrenshoop erleichtern durch
Einrichtungen der Ordnung und Behaglichkeit.
§ 2
Mitglied kann jeder Ahrenshooper und Auswärtige werden, gegen dessen Eintritt der Vorstand nicht begründete Einwendungen erhebt. Die Aufnahme erfolgt durch Erteilung der ersten Beitragsquittung, der Austritt durch formlose Erklärung gegenüber dem Vorstand.
§ 3
Jährlicher im Voraus zahlbarer Beitrag: drei Mark; freiwillige Spenden werden gern entgegengenommen. Das Vereinsjahr läuft vom 1. September bis 31. August.
§ 4
Der Vorstand besteht aus vier Mitgliedern, von denen einer Vorsitzender, einer Schriftführer und Kassenwart, einer künstlerischer Beirat ist. Der Vorstand wird jährlich im August gewählt. Wiederwahl ist zulässig. Durch Allgemeinbeschluss kann die Zahl der Vorstandsmitglieder auf 6 erhöht werden.
§ 5
Hauptversammlung findet mindestens im Jahr einmal statt über Wahl, Rechnungslegung, Angelegenheiten grundsätzlicher Natur. Wenn mindestens drei Mitglieder eine Vereinssammlung wünschen, muss der Vorstand eine solche ansetzen.

Abb. 12: Erste Seite der Vereinssatzung des Ahrenshooper Vereins für gemeinnützige Zwecke vom September 1904
Quelle: Schulz, Friedrich: Ahrenshoop. Die Geschichte eines Dorfes zwischen Fischland und Darß, Fischerhude 1992, S. 56.

Der im September 1904 gegründete *Ahrenshooper Verein für gemeinnützige Zwecke e. V.* bestand aus ortsfremden Künstlern und Forsensen, die darauf hinwiesen, dass die Preise für Dünenland um das Dreifache gestiegen und eine Erhöhung um das Fünf- bis Sechsfache innerhalb der nächsten drei Jahre zu erwarten sei.[183] Der so genannte »Verschönerungsverein« setzte sich beim

---

[183] Die Mitglieder des Gründungsvorstands waren der Ludwigsluster Jurist *Otto Kaysel*, der Berliner Major und Musikwissenschaftler *Oswald Körte*, der Oldenburger Maler *Paul Müller-*

Landrat mit einem Ortsstatut[184] gegen die rege Bodenspekulation ein und plädierte für regionaltypische Bauweisen, um den dörflichen Charakter des Ortes zu erhalten. Der Bürgermeister als Vertreter der einheimischen Bevölkerung nahm nicht an den Beratungen zum Statut teil. Durch den Ausbruch des Ersten Weltkriegs kam es zu keinem Ergebnis.

Ziel des Vereins war es, Ahrenshoops Entwicklung zum touristischen Seebad durch die Initiierung und finanzielle Unterstützung zahlreicher Ortsgestaltungsprojekte[185] zu fördern. Die zugezogenen Vereinsmitglieder wollten ihre gewohnten bürgerlichen Komfortstandards auch im Dorf durchsetzen, statt sich den Gegebenheiten anzupassen. Mit der wachsenden Infrastruktur wurde die Gemeinde für neue Badegäste attraktiv. Dem Verein fiel demnach bei der Stiftung der Identität Ahrenshoops als Ostseebad eine aktive Rolle zu.

Nach dem Ersten Weltkrieg wurde der »Verschönerungsverein« unter dem Vorsitz von *Dr. Friedrich Wilhelm Droß*, dem Ehemann der Malerin *Liselotte Droß,* erneut aktiv. Zwar wurde unter anderem ein Freibadeverbot angeregt, um die Einnahmen aus dem Badegeld[186] zu sichern, doch dem Verein gelang es nicht, die frühere Bedeutung wieder zu erlangen. 1933 legte *Dr. Rudolf Ziel* sein Amt als letzter Vorsitzender nieder. Unter der Herrschaft der Nationalsozialisten kamen die Vereinstätigkeiten endgültig zum Erliegen.

Kaempff und der Berliner Professor *Adolf Miethe.* Der einheimische Büdner *Heinrich Permien* stieß später dazu. Zwischen 1908 und 1910 wurden Permien, Kaysel, Miethe und Körte durch den einheimischen Müller *Heinrich Niemann*, die zugezogenen Maler *Theobald Schorn* und *Fritz Grebe* sowie den Tessiner Postmeister *Johannes Becker* ersetzt.

[184] Das Statut sollte festschreiben, dass die Gebäudefläche nur den zehnten Teil der Grundstücksfläche einnehmen dürfe und nur einstöckige Gebäude erlaubt seien, deren Dächer nicht mit Pappe, Zementziegeln, Blech oder Schiefer bedeckt und die nicht von Drahtzäunen umgeben seien. Vgl. Schulz 1992, S. 63.

[185] Z. B. Treppenanlage zum Badestrand (1905), Eröffnung der Herren- und Damenbadeanstalt, Errichtung von Spazierwegen und Bänken, Gründung der Freiwilligen Feuerwehr (1906), Verbot des Betretens der Dünen und des Entfernens der Stranddiestel (1908), Ernennung eines Badekommissars (1910), Straßenbeleuchtung (1911), Vorschlag zur Anschaffung eines Sprengwagens, eines Krankenkorbes, zur Einrichtung eines Sonnenbades und zur Aufstellung von Strandbänken (1912), Anschaffung von Rettungsgerätschaften (1913), Vorschlag zum Bau von Tennisplätzen (1928/29).

[186] Jeder Gast zahlte 3,00 Reichsmark Kurtaxe und 3,00 Reichsmark Badegeld.

4.3.3 Die Bunte Stube

1908 erwarb *Katharina Wegscheider* zunächst das Haus des Malers *Martin Körte* und sechs Jahre darauf auch das Nachbargebäude. 1918 erbte ihr Bruder, der Sanitätsrat Dr. *Max Wegscheider*, das Anwesen. Seine Ehefrau *Martha* und der befreundete Künstler *Hans Brass* eröffneten dort am 8. Juni 1922 die *Bunte Stube*. An der Schwelle Ahrenshoops zum Massentourismus erkannten sie den Bedarf der Gäste an Souvenirgegenständen und Freizeitmöglichkeiten und gaben ihrem Geschäft eine kulturtouristische Ausrichtung:

> »Während eines Besuches […] wurde gemeinsam festgestellt, daß es in Ahrenshoop wenig zu kaufen gibt. […] wir fuhren beide mit dem Dampfer ›Gudrun‹ nach Ribnitz. Im Antiquitätenladen kauften wir Preßgläser, glatte Holzdosen und Schälchen, die Herr Brass bemalte. Bei Bendix in Ribnitz kauften wir Stoffe, die gebatikt wurden. […] Wir benutzten die kleine Veranda im Strohdachhaus als Lesestube: […] Im linken Zimmer wurde ein Verkaufsraum eingerichtet […]. Wir nannten den Raum ›Bunte Stube‹.«[187]

Das Haus wurde 1924/25 durch einen Anbau vergrößert und im Stil des Expressionismus bemalt. Mit einer Unterschriftenaktion versuchten die Ahrenshooper, die vor allem mit klassisch-traditionellen Kunstrichtungen vertraut waren, dies zu verhindern. Der Rostocker Stadtbaudirektor *Dehn* sprach von einer

> »Verschandelung des Ortes durch den Zementzaun und den papageifarben gestrichenen Zick-Zack-Neubau der Bunten Stube«[188].

Im Zuge der Umgestaltung wurde auch das Sortiment erweitert. Neben Büchern, Zeitschriften und Kunstgewerbe wurden von *Hans Brass* gestaltete Kunstpostkarten in hohen Auflagen verkauft. Daneben bewarben von ihm entworfene Plakate den Laden. Die *Bunte Stube*, die Waren, Ausstellungen, Veranstaltungen[189] und Dienstleistungen[190] unter einem Dach vereinte, wurde einer der Mittelpunkte Ahrenshoops. In einem Inserat in den *Mecklenburgischen Monatsheften* beschrieb sich das Haus im August 1935 folgendermaßen:

---

[187] Zitiert nach Negendanck 2001, S. 181.

[188] Zitiert nach Schulz 1992, S. 86. In der Oktober-Ausgabe 2007 wurde die *Bunte Stube* für ihren architektonischen Stil von der international renommierten Fachzeitschrift *AD Architectural Digest* auf Platz 45 der »Best of Germany – Unsere 110 Stil-Highlights«-Liste gewählt.

[189] U. a. Modenschauen, Kinderzeichenwettbewerbe.

[190] Ab 1929 Friseursalon, ab 1931 Schneiderwerkstatt, ab 1932 Autodienst.

»Die ›Bunte Stube‹ Ahrenshoop ist ein Verkaufsunternehmen originellster Art, welches den Begriff der Ausstellung von Kunst und Wertarbeit mit dem Charakter eines offenen Ladengeschäftes für tägliche Bedarfsartikel vereinigt und dessen Spezialität preiswerte und geschmackvolle Strandkleidung ist.«[191]

Abb. 13: Postkarte Bunte Stube, Jahr unbekannt
Quelle: Fotograf: Fritz Wegscheider, H. C. Schmiedicke Verlag, Privatbesitz.

Im Jahr 1925 gab *Brass* seine Geschäftsbeteiligung auf. Drei Jahr später starb *Wegscheider*, seine Witwe erbte die Grundstücke und zog ganzjährig von Berlin nach Ahrenshoop. 1929/30 erfolgte ein weiterer Ausbau zur *Bunten Reihe*[192], dessen Entwurf von *Brass* deutlich am Bauhaus-Stil orientiert war. 1939 wurde das Unternehmen zur offenen Handelsgesellschaft umgewandelt, deren Inhaber *Martha Wegscheider* und ihr Sohn Fritz waren. Im Zweiten Weltkrieg organisierte die Betreiberin zahlreiche Hilfsaktionen, wie Weihnachtsbescherungen für Flüchtlinge. Am 1. Juni 1946 wurde der Laden wiedereröffnet. 1953 entging das Geschäft nur knapp der *Aktion Rose*.[193] 1957 sollte *Fritz Wegscheider*, zu dieser Zeit Vorsitzender der *Kulturbund*-Ortsgruppe, das Privatunternehmen erneut aufgeben. Den Funktionären der Organisation missfiel sein Engagement.

---

[191] Schulz 1992, S. 106.
[192] Ab 1948 hieß das Geschäft wieder *Bunte Stube*.
[193] Vgl. Erläuterung zur *Aktion Rose* S. 78.

Ein Brand erforderte im selben Jahr den Wiederaufbau, bei dem die Erweiterung um das »Kleine Kunstkabinett«[194] vorgenommen wurde. Nach *Martha Weg-scheiders* Tod im Jahr 1965 übernahm ihr Sohn Fritz die alleinige Inhaberschaft. Seit 1984 führt ihr Enkel *Andreas Wegscheider* die *Bunte Stube* in dritter Generation.

4.4 Sozioökonomische und soziokulturelle Wirkungen des Tourismus auf Ahrenshoop

Ende des 19. Jahrhunderts war das Erwerbsleben der Landbevölkerung an der Ostsee vielfach familienwirtschaftlich organisiert. Arbeits- und Privatsphäre, Beruf und Freizeit waren im familiären Haushalt verschränkt. Der Arbeitsrhythmus war weniger an festen Zeiten orientiert, sondern vielmehr durch die Wetterverhältnisse und Jahreszeiten fremdbestimmt. Die Bevölkerungs- und Berufsstruktur auf Fischland und Darß wandelte sich mit dem Aufkommen des Fremdenverkehrs. Durch den Niedergang der Segelschifffahrt ging die Zahl der Schiffer und Fischer stark zurück. Die Einheimischen orientierten sich neu und öffneten den Künstlern mit der Zimmervermietung ihre Privatsphäre.

Mit der Entfaltung des Fremdenverkehrs stieg die Zahl der ansässigen Gewerbetreibenden und Gastwirte. Was zunächst ein einträglicher Nebenerwerb war, wurde für viele zum Beruf. Der Tourismus und die Arbeitswelt der Bewohner wurden miteinander verflochten, womit sich ihr Lebensalltag grundlegend wandelte. Ihre Arbeitszeiten waren nun bestimmt durch Beginn und Ende der Saison, die Anwesenheit und Ansprüche der Gäste und ähnliche äußere Faktoren. Einkommen und Lebensstandard der Bevölkerung stiegen, nachdem Fischer, Schiffer und Bauern aus traditionalen Verhältnissen freigesetzt und zu touristischen Dienstleistern geworden waren. Damit veränderte sich auch die Sozialstruktur[195] des Ortes fundamental.

Während das Verhältnis zwischen Einwohnern und Sommergästen in den Saisonzeiten am Ende des 19. Jahrhunderts noch ausgeglichen war, standen den Einheimischen in den kommenden Jahrzehnten immer mehr zugezogene Städter und Badegäste gegenüber. 1943 hatten das 188-Seelen-Dorf schließlich während der Sommersaison 2.329 Urlauber zu Gast.

---

[194] Zuvor fanden die Ausstellungen in *Hans Brass'* früherem Atelier statt.

[195] Wandel von Parametern wie Geschlechterverhältnis, Bildungs- und Berufsstatus, Alters- und Familienstrukturen, sozioökonomischer Status, soziale Mobilität.

Jahr	1860	1894	1900	1909	1913	1914	1925	1926	1927
Zahl der Einwohner	151	–	–	–	–	200	–	216	–
Zahl der Badegäste	–	200	450	900	950	1.000	785	1.000	1.459
Jahr	1928	1930	1931	1932	1933	1934	1935	1936	1943
Zahl der Einwohner	–	–	315	–	228	188	–	–	188
Zahl der Badegäste	2.153	2.002	1.822	1.638	1.430	1.576	1.789	1.789	2.329

Abb. 14: Zahl der Einwohner und Badegäste pro Jahr in Ahrenshoop 1860–1943
Quelle: Zusammenstellung nach Gemeindeakten, in: Kreisarchiv Nordvorpommern, Außenstelle Ribnitz-Damgarten.

Diese Entwicklung war für die Bevölkerung einerseits eine Chance, von der Anwesenheit der Gäste zu profitieren und ihren Lebensstandard zu erhöhen. Andererseits führte die Verschiebung der Machtverhältnisse zugunsten der Forensen zu Spannungen. Ihren städtisch-bürgerlichen Interessen und Gewohnheiten gemäß weiteten die Künstler und Sommergäste ihren Einfluss auf die Ortsentwicklung mittels Bodenspekulation stetig aus und institutionalisierten diesen durch Vereinsgründung und Gemeindemitgliedschaft. Zugleich bemühten sie sich, das dörfliche Erscheinungsbild ihren Idealvorstellungen entsprechend aufrecht zu erhalten. Sie waren jedoch nur temporär am Zweitwohnsitz anwesend und damit kaum von den negativen Konsequenzen dieser Entwicklung betroffen.

4.4.1 Die Wahrnehmung der lokalen Kultur durch Sommergäste und Touristen

Ausgehend von einem dynamischen Verständnis von »Kultur« und »Identität« unterscheidet die Tourismusforscherin *Marion Thiem* in ihrem Konzept vier spezifische Kulturen.[196] In der Heimatregion des Touristen siedelt *Thiem* die *Kultur der Quellregion* an, die seine Erwartungen an die Begegnung mit den Bewohnern seines Reiseziels prägt. *Ferienkultur* meint das ritualisierte Urlaubsverhalten des Erholungsreisenden, das von der Tourismusindustrie mitgeformt wird. Als Gegenpol zur alltäglichen Kultur der Quellregion beeinflusst sie die Lebens- und Arbeitswelt der Gastgeber. Der touristische Wirtschafts- und Erholungsraum bedarf einer professionalisierten, ökonomisch orientierten *Dienstleis-*

---

[196] Vgl. Thiem, Marion: Tourismus und kulturelle Identität: Die Bedeutung des Tourismus für die Kultur touristischer Ziel- und Quellgebiete, Bern, Hamburg 1994.

tungskultur, die sich nach den Bedürfnissen der Urlauber richtet und eine wichtige Kontroll- und Pufferfunktion für die Beziehung zwischen Einheimischen und Gästen innehat. Die Ortsansässigen werden in Angestellte und Saisonkräfte touristischer Unternehmen, Inhaber dieser Firmen, Einwohner ohne direkte Beziehung zum Tourismus sowie Politiker unterschieden. Während die Vertreter der Tourismusbranche serviceorientiert handeln und ihre Vorurteile durch häufige Kontakte mit Touristen abbauen können, verhalten sich diejenigen ohne berufsmäßige Berührungspunkte eher distanziert. Die gewachsene *Kultur der Zielregion* bezeichnet das Typische eines Gebiets abseits seiner touristischen Orientierung. Ebenso wie die Kultur der Quellregion hat sie eine identitätsstiftende Funktion für die Bewohner. Die vier Kulturen beeinflussen und erfordern einander.

In Hinblick auf das Phänomen der Malerkolonie kommt ergänzend der *Künstlerhabitus* hinzu, den ihre Mitglieder mittels spezifischer Rituale, Symbole und Aktivitäten teilten. »Diese Merkmale als eine über kulturelle Normen stabilisierte und doch zugleich offene Gruppe schuf Abgrenzungen nach zwei Seiten hin: sowohl zur Seite des Bürgertums, dem man in Teilen selbst angehörte, als auch zur ländlichen Bevölkerung [...].«[197]

Auf ihrer Flucht aus der städtischen Anonymität suchten die Künstler einerseits die Nähe zur Natur und andererseits zu Gleichgesinnten. In den Kolonien wurde dies nicht im Kontakt mit der Bevölkerung, sondern in der Gemeinschaft mit anderen Städtern möglich. Auch in Ahrenshoop manifestierten sich die unterschiedlichen gesellschaftlichen Positionen und sozialen Rollen von Ortsansässigen und Künstlern in Abgrenzungsstrategien und symbolischen Formen hinsichtlich Kleidungs- und Wohnstilen, Arbeits- und Freizeitverhalten, Lebensstandards, Sprachgebrauch u. v. m.

So entstand ein Nebeneinander von ländlich-traditionaler Lebensweise sowie städtisch-bürgerlicher Lebensorganisation und spezifischen Verhaltensmustern der Künstler. Die Begegnung der Städter mit den sozial niedriger gestellten Einheimischen blieb oberflächlich und hierarchisch, während sich die Schiffer zunächst sowohl von den ärmlichen Bewohnern als auch von den unwillkommenen Sommergästen abgrenzten.

Das für Studienreisen und die Unterhaltung eines Sommerhauses notwendige finanzielle Kapital kann als Indikator für die Zugehörigkeit zu wohlhabenden

---

[197] Ruppert 2000, S. 221.

Bevölkerungsschichten bzw. für die Bekanntschaft mit finanzkräftigen Gönnern angesehen werden. Daneben verweisen Herkunft, Ausbildung, Habitus und gesellschaftlicher Umgang der Vertreter der ersten Künstlergeneration auf ihre Zugehörigkeit zum Bürgertum. Zahlreiche Fotografien zeigen den modernen Kleidungsstil der Maler und Malerinnen und lassen auf ihre Selbstverortung im bürgerlich-städtischen Milieu schließen.

Hatten sie anfangs bei Einheimischen Zimmer gemietet, erwarben sie nun Bauland, um ihrer Lebensweise in modernen Sommerhäusern auch auf dem Land Rechnung zu tragen. Durch den Neubau individueller Künstlerhäuser, deren Architektur und Einrichtung den bürgerlich-städtischen Villenmoden[198] folgte, distanzierten sie sich von der Bevölkerung. Vor allem Fachwerk- und Schweizerhäuser sowie Jugendstilbauten waren beliebt und entstanden häufig nach eigenen Entwürfen der Künstler. »Die kulturkritische Großstadtfeindlichkeit fand auch zahlreiche Anhänger in den vermögenden Schichten, die mit ihrem ersten Wohnsitz an der Modernisierung des urbanen Lebens partizipierten und in einer gespaltenen Lebenshaltung mit einem ländlichen Zweitwohnsitz, einem Landhaus oder einer zeitweiligen Sommerfrische einen ergänzenden Erholungsraum suchten«[199], bringt *Ruppert* diese Dualität auf den Punkt.

Zwar waren die Aufenthalte der Künstler und Forensen auch im ländlichen Ahrenshoop von Routinen gekennzeichnet, dennoch konnte der Umgang mit Zeit hier flexibler gestaltet werden. »Einfachheit« und »Natürlichkeit« schrieben sie dennoch den Einheimischen als Eigenschaften zu, statt darin für sich selbst handlungsleitende Maximen zu sehen. Die Illusion einer zeitlich umrissenen freieren, naturnahen Lebensweise konnte durch die Nähe zur Landbevölkerung aufrecht erhalten werden[200], auch wenn der städtisch-bürgerliche Lebensstil während des Sommeraufenthalts gepflegt wurde.

Eine Koexistenz agrarisch-ländlicher und urbaner Daseinsformen war die Folge. Während die Einheimischen Bräuche wie Schützenfeste, Feuerwehrbälle, plattdeutsches Theater und Tonnenreiten[201] pflegten[202], sorgten die Künstler

---

[198] Erst *Theobald Schorn* (1908/09) und *Franz Triebsch* (1912) bauten ihre Häuser im »Fischländer Stil«.

[199] Ruppert 2000, S. 217.

[200] Vgl. Löfgren 1999, S. 153.

[201] Auf Pferden bewältigten unverheiratete Männer einen abgesteckten Parcours und schlugen der Reihe nach auf ein Holzfass, um den Boden-, Stäben- und Tonnenkönig zu ermitteln. Der Ursprung des Festes ist unbekannt.

ihrerseits für gesellschaftliche und kulturelle Aktivitäten. Die Einheimischen wurden hingegen kaum in die Ausstellungen, Theateraufführungen, Künstlerfeste, Stammtische und ähnliche Veranstaltungen einbezogen. Es entstand ein Nebeneinander von importiertem Kulturangebot der *Quellregion* und der *Kultur der Zielregion*. Ihre Vertreter dürften dennoch durch die Anwesenheit am selben Ort einige Einblicke in die entgegengesetzten Lebenspraktiken und Werte erhalten haben. Die Forensen wollten jedoch auch lokalpolitisch Einfluss nehmen und kämpften 1925/26 erfolglos mit dem Verweis auf ihr »grosses Interesse am Aufblühen des Ortes«[203] um das aktive und passive Gemeindewahlrecht und ihre Anerkennung als vollwertige Gemeindemitglieder.[204]

Langfristig fand weniger eine Anpassung der Auswärtigen als vielmehr eine Umformung Ahrenshoops nach ihren Maßstäben statt.[205] Das Dorf wurde zum Miniatur-Ableger der städtischen *Quellregion*. Allerdings stand dieser Wandel im Widerspruch zu ihrem künstlerischen Bedürfnis nach Ruhe und Abgeschiedenheit, denn je mehr Gäste sie einluden und je mehr Aktivitäten sie veranstalteten, desto bekannter und beliebter wurde Ahrenshoop. So wirkten die Maler einerseits am steigenden Popularitätsgrad des Ortes mit und profitierten auch finanziell von dessen Imagewandel. Zugleich unterwanderten sie ihre ursprünglichen Motive, auch wenn sie sich bemühten, die touristische Entwicklung zu steuern.

Die Küstenlandschaft und ihre Bewohner unterlagen einer romantisierenden Perspektive, die den in der *Kultur der Quellregion* geprägten Stereotypen geschuldet war. *Brass* betonte, dass der Gast den Einheimischen nur aus dem Blickwinkel des Städters wahrnehmen könne.[206] Der Kunsthistoriker *Gerhard Wietek* weist darauf hin, dass »andererseits die Distanz von diesem Dasein und die Unmöglichkeit der Identifizierung mit ihm notwendige Voraussetzung für die künstlerische Tätigkeit waren.«[207] Die Ahrenshooper wurden vorrangig als

---

[202] Heute werden die Bräuche und Feste revitalisiert und touristisch vermarktet.

[203] Vgl. Briefwechsel zwischen einigen Forensen und dem Kreisausschuss des Kreises Franzburg bezüglich des Wahlrechts für Forensen, Brief vom Forensen Garthe vom 25.08.1925.

[204] Vgl. Auszug aus einem Brief der Forensen in Anhang Nr. 11, S. 138.

[205] Vgl. Reulecke, Jürgen/Zimmermann, Clemens: Die Stadt als Moloch? Das Land als Kraftquell? Wahrnehmungen und Wirkungen der Großstädte um 1900, Basel 1999, S.119.

[206] Vgl. Brass, Hans: Das Ahrenshooper Gesicht, in: Mecklenburgische Monatshefte, Heft 6, Juni 1927, S. 297.

[207] Wietek 1976, S. 10.

Vertreter einer typischen Mentalität und weniger als Individuen betrachtet. Folglich wurden sie häufig als Bildmotive[208] verwendet. So heißt es in der 1910 verfassten Satire »Das neue Seebad« des Schriftstellers *Johannes Trojan*:

> »Endlich gab es unter den Fischern wunderbare Gestalten und köstlich ver-
> witterte Gesichter, mit einem Wort: Prachtmodelle. Zwar wollten sie zuerst
> nicht daran, sich malen zu lassen, als aber der erste herausbekommen hatte,
> daß es nicht wehtat und daß es etwas einbrachte, folgten die anderen nach,
> wenn auch ihnen die Sache sehr lächerlich vorkam.«[209]

Die Darstellung der lokalen Kultur und Lebensweise unterlag in den Werken einem bürgerlichen Blickwinkel. Zwar entsprachen die Klischees dem mühseligen Alltag der Bevölkerung nicht, dennoch prägten sie die Vorstellungen des Betrachters von der ländlichen Lebensweise. Die ersten Reisenden und Forensen beschrieben die Ahrenshooper als wortkarge und distanzierte, jedoch unkomplizierte Gastgeber. Gleichwohl wurde ihre scheinbar idyllische Lebensweise und Naturnähe zivilisationskritisch überhöht.[210] Mit der Entstehung des Deutschen Reiches wurde die Landbevölkerung als Wählerschaft interessant und zunehmend in die nationale Kultur eingebunden. Die stereotype Missachtung wich einer ebenso klischeehaften Idealisierung. »Sie wurden nicht mehr als rückständige, unkultivierte, dahinvegetierende Produzenten wahrgenommen, sondern als in Harmonie mit Natur und Erde lebende, die Gesellschaft regenerierende Landbewohner.«[211]

Soziale Verhaltenskodexe und oberflächliche, selten private Kontakte[212] verbargen die wechselseitige Abhängigkeit. Zwar beteiligten sich Forensen und Einheimische am Ausbau der touristischen Infrastruktur, jedoch getrennt voneinander. Insofern gab es von Beginn an kaum Austausch zwischen ihnen. Aufgrund eines diffusen Gefühls der Bedrohung durch die neuen Besucherschichten verherrlichten die ersten Sommergäste in der Rückschau diese Frühphase der touristischen Erschließung Ahrenshoops. Ihre Gefühle der Vertrautheit und

---

[208] Z. B. der Mensch in der Landschaft und bei der Arbeit.

[209] Trojan, Johannes: Das neue Seebad (um 1910), in: Müller-Waldeck / Grambow 2003, S. 37.

[210] *Paul Müller-Kaempff* bezeichnete die Ahrenshooper als »Eingeborene«. Die zur Veröffentlichung bestimmte Lebenserinnerung beschönigte das Landleben und stilisierte Ahrenshoop zur Gegenwelt. Vgl. Müller-Kaempff Juli 1926, S. 62.

[211] Haupt, Heinz-Gerhard / Mayaud, Jean-Luc: Der Bauer, in: Frevert / Haupt 2004, S. 355.

[212] Eheschließungen, Familiengründungen, Geschäftskontakte (außer im Falle von Grundstücksverkäufen) u. ä. gab es kaum zwischen Einheimischen und Forensen.

Verbundenheit gegenüber den Einheimischen resultierten demnach vor allem aus der Abgrenzung zu den nachfolgenden Touristen.[213]

Im Zuge der Orientierung Ahrenshoops am Fremdenverkehr veränderten sich das architektonische und infrastrukturelle Ortsbild und die heimische Kultur. Das Nebeneinander von lokaler Eigenart und Fremdeinflüssen bewirkte weniger einen Kulturverlust als vielmehr die Umgestaltung von Alltagskultur, Lebensweisen und Werten. Weder sind kulturelle Traditionen statisch noch sind die Einheimischen passive Opfer einer äußeren Einwirkung.[214] Stattdessen unterliegen Regionen einem fortwährenden Wandel.[215] Der Tourismus als Motor und Teil des sozioökonomischen und soziokulturellen Wandels ist nur eine Größe neben den eingangs beschriebenen gesellschaftlichen, wirtschaftlichen, technischen und politischen Faktoren und Modernisierungstendenzen. Im Falle Ahrenshoops prägten die Künste die lokale Identität jahrzehntelang, womit die Ausrichtung am Fremdenverkehr und das Selbstbild als Freizeit-, Erholungs- und Kulturraum erst gestiftet wurden.

Zunehmende Freizeit, steigende Einkommen, wachsende Mobilität und Sicherheit, verbaute und überfüllte Städte und die Entwicklung neuer Kommunikationstechnologien führten auch in den Mittelschichten zu einem Bedarf an Erholung in einer natürlichen Umgebung. Mit dem Aufkommen von Massentourismus und organisiertem Reisen änderte sich in Ahrenshoop die Gästestruktur. Die Zahl der Urlauber überwog schließlich die der Einheimischen, so dass Touristen vor allem andere Touristen trafen. Sie lernten die Bewohner nahezu ausschließlich in ihrer Rolle als touristische Dienstleister und somit auch nur diesen Teil der Ortsansässigen kennen.

Durch die gewandelten Reisemotive und -erwartungen[216], die je nach Alter, Beruf, Lebensstil und -situation variieren, stand in der *Ferienkultur* zunehmend

---

[213] Bsp.: Ein Urlauber beschwerte sich 1930 über eine sich über das Hundebadeverbot hinwegsetzende Sommerhäuslerin und wurde zurechtgewiesen, »daß Leute, die hier keine Steuern bezahlen (mit anderen Worten wir Kurgäste) keinerlei Beschwerderecht hätten, hier nichts zu suchen hätten und hier nur geduldet wären.« Beschwerdeprotokoll vom 03.07.1930.

[214] Vgl. Thiem 1994, S. 70 f.

[215] Vgl. Anhang Nr. 12 eine Vertiefung von *Marion Thiems* Ansatz zum Kulturwandel in touristischen Gebieten, S. 139.

[216] Die Erwartungen an Wetterverhältnisse, Lebensart, Esskultur, Natur, Sehenswürdigkeiten, Freizeitmöglichkeiten u. ä. schließen eine Begegnung mit Einheimischen außerhalb ihrer Rolle als touristische Dienstleister selten ein.

die Distanz zu den Zwängen der Alltagswelt im Vordergrund. Intensivere Kontakte mit Einheimischen waren vor diesem Hintergrund unwahrscheinlich oder sogar hinderlich.[217] Stattdessen wurden die Ansprüche der Touristen an die *Kultur der Zielregion* im Voraus durch Gehörtes, Gesehenes und Gelesenes in der *Quellregion* geistig geprägt. Die kulturhistorische Tradition Ahrenshoops und das Image als Künstlerort wurden bis in die Gegenwart durch literarische und bildnerische Werke sowie Medien- und Reiseberichte verbreitet und durch Werbemittel touristisch vermarktet. Elemente der *Kultur der Zielregion* wurden demnach vor dem Hintergrund ökonomischer Motive in die *Dienstleistungskultur* aufgenommen. Wahrgenommen wurde und wird vom Erholungsreisenden vor allem, was den standardisierten Erwartungen entspricht oder in extremem Maße widerspricht. Nur so kann der Urlaub wunschgemäß und als Auszeit gelingen. Diese mit dem persönlichen Lebensstil und der individuellen kulturellen Prägung variierende Erwartungshaltung behindert allerdings eine offene Wahrnehmung. Der Tourist verfügt schon vor der Reise über ein mentales Bild der *Zielregion*, dem entsprechend er seine Aktivitäten plant.[218] »So werden simple alltägliche Beobachtungen in einen bereits vorhandenen Kontext gestellt und diesem entsprechend gedeutet«[219] Insofern sieht der Urlaubsgast den Einheimischen in Bezug auf sich selbst; es handelt sich also primär um eine Selbstwahrnehmung.[220]

So wie der *touristische Blick* im 18. und 19. Jahrhundert von Bildwerken und Reisebeschreibungen generiert worden war, wurde die Erfahrung der Begegnung mit dem Fremden im 20. und frühen 21. Jahrhundert durch Tourismusveranstalter inszeniert und kontrolliert. Das Verlangen der Konsumenten nach einer authentischen *Zielregion* bedeutete eine Zementierung traditioneller, oft überkommener Erscheinungs- und Lebensweisen, die schließlich touristisch inszeniert statt gelebt wurden. Die tatsächlichen Verhältnisse und die verallgemeinernden, klischeehaften Zuschreibungen, die auf ausschnitthaften Erfahrungen basierten, stimmten dabei nur bedingt überein.

---

[217] Vgl. Michaelis, Carola / Vetere, Carmen: Urlaubserwartungen und die Wahrnehmung des Fremden. Touristen an der Costiera Amalfitana, in: Richter 1996, S. 34, 42.

[218] Vgl. Selzer, Christina: Auf der Suche nach der Erinnerung. Souvenirs aus dem Süden, in: ebd., S. 205 f.

[219] Michaelis / Vetere, in: ebd., S. 44.

[220] La Grotta, in: ebd., S. 52.

4.4.2 Tourismus und Touristen aus Sicht der Einheimischen

Sobald der Fremdenverkehr fest integriert ist, beginnt sich die *Kultur einer Ziel-region* langfristig zu verändern. Die medial mitkonstruierten, stereotypen Vor-stellungen und Rollenerwartungen der Urlauber prägen auch das Verhalten der Einheimischen. Das Erfüllen der Klischees wird zu einer Geschäftsstrategie der *Dienstleistungskultur*. Stereotype formen sich jedoch ebenso auf Seiten der ansässigen Bevölkerung. Der Kulturwissenschaftler und Ethnologe *Dieter Kra-mer* beschreibt ihre Perspektive folgendermaßen: »Zunächst werden die Touris-ten als ›Fenster zur Welt‹ betrachtet, dann setzt eine ›Besinnung auf regionale Tradition‹ ein, in der die eigene Lebenssphäre der Gastgeber gegen die der Touristen abgegrenzt wird, um mit Hilfe des bewussten Abstandsverhaltens und des Lebens in zwei Welten, der privaten und derjenigen für die Touristen, den Tourismus sozial- und kulturverträglich zu gestalten. «[221]

In Ahrenshoop war eine ganz ähnliche Entwicklung zu beobachten. Die Ein-wohner waren sich um 1900 des wirtschaftlichen Nutzens des aufkommenden Fremdenverkehrs bewusst. Sie engagierten sich deshalb aktiv für die Entwick-lung einer touristischen *Dienstleistungskultur. Trojan* beschrieb die Wandlung des fiktiven Fischer- und Malerdorfes Spickaalsdorf zum Badeort:

> »Die Eingeborenen merkten bald, daß aus ihrem Ort etwas zu machen sei. Häuser wuchsen aus dem Boden, und in den Wohnungen für Badegäste machte sich ein gewisser Komfort bemerkbar, von dem in der Malerzeit noch nichts vorhanden gewesen war […].«[222]

Im Unterschied zu den Sommergästen romantisierten die Einheimischen ihren Lebensraum nicht als Gegenentwurf zur städtischen Lebenswelt, sondern profi-tierten von den Modernisierungschancen. Dennoch litten sie durchaus unter den problematischen Aspekten wie dem hohen Verkehrsaufkommen und der starken Bebauung. Das Alltagsleben wurde besonders in der Hauptsaison durch die Besucherströme erschwert.

Für die Künstler und Sommerhäusler war das Landleben als Gegenpol zum städtischen Lebensmittelpunkt indessen zeitlich befristet. Dennoch nahm ihr

---

[221] Kramer, Dieter: Tourismus und Politik, München 1993, zitiert nach Ruppert, in: Richter 1996, S. 67.

[222] Trojan, in: Waldeck / Grambow 2003, S. 41 f. Aufgrund seiner Aufenthalte in Ahrenshoop wird in der Forschung vermutet, dass er die Künstlerkolonie meinte.

Einfluss im Ort kontinuierlich zu, und das Gästeaufkommen stieg stetig an. Die erste Malergeneration hatte kaum mehr als ein künstlerisches Interesse an den Bereisten. Deren geringe Einbindung in die ortsgestalterischen Aktivitäten führte zu Spannungen und Machtkämpfen. Zwei Beispiele illustrieren das Konfliktpotential zwischen Einheimischen und Forensen: Die Selbstversorgung durch Landwirtschaft und Fischerei war durch den lukrativen Fremdenverkehr hinfällig geworden. Vor diesem Hintergrund kam es vor allem während des Ersten Weltkriegs aufgrund der schlechten Lebensmittelversorgung zu Spannungen. Die Bevölkerung warf den Sommerhäuslern vor, sämtliche Nahrungsmittel allein zu verbrauchen. Nach Kriegsende beschwerten sich die Forensen beim Regierungspräsidenten und forderten die Abberufung des Zingster Landjägers, der in der Sache ermittelte und die Meinung der Ortsansässigen teilte. Er wurde daraufhin versetzt. 1925/26 führten mehrere Einbrüche in leer stehende Villen abermals zu Streitigkeiten. Vom »Verschönerungsverein« wurde die Einstellung eines jüngeren Nachtwächters gefordert. Die Einheimischen wehrten sich: »Die Herrschaften reisen ab – wir können ihre Häuser bewachen.« und »Wir wollen uns für die Fremden nicht totschießen lassen.«[223] Die beidseitigen Abgrenzungen und Ressentiments verstärkten sich. *Brass* reflektierte seine eigene problematische Aufnahme im Dorf folgendermaßen:

> »Die Zähigkeit, mit der das Gesicht des Dorfes festgehalten wird, hat ihre Schattenseiten […]. Alle diese Zugezogenen bleiben für ihn Fremde […]. Und wenn der Fremde längst selbst das Ahrenshooper Gesicht angenommen hat, so verzeiht ihm der Ahrenshooper doch nie, daß er durch seine Gegenwart oder seine Taten im allergeringsten das Ahrenshooper Gesicht verändert hat.«[224]

Laut dem Regionalforscher *Friedrich Schulz* war das Engagement der Forensen für die Modernisierung Ahrenshoops nützlich, da der Konservatismus der Ortsansässigen ausgehebelt wurde.[225] Zwar wehrten sich die Ahrenshooper gegen die ungefragte Einflussnahme, sie waren jedoch weder gegen eine Entwicklung des Fremdenverkehrs noch in dem Maße rückwärtsgewandt, wie es ihnen zum

---

[223] Zitiert nach Schulz, Friedrich: Ahrenshoop: Die Geschichte eines Dorfes zwischen Fischland und Darß, Fischerhude 1992, S. 89.

[224] Brass Juni 1927, S. 78. Zwar gäbe es Einheimische, die Neuerungen gegenüber aufgeschlossen seien, doch generell seien sie untätig, Ruhe suchend, stur, zugleich aber auch liberal. Vgl. ebd., S. 79.

[225] Vgl. Schulz 1992, S. 89.

Teil in der Literatur nachgesagt wird. Auch wenn die Alteingesessenen auf Distanz zu den Forensen gingen, war ein Bewusstsein dafür vorhanden, in zunehmendem Maße auf das Gästeaufkommen angewiesen zu sein.

Mit der Entwicklung der *Dienstleistungskultur* und der Etablierung von Elementen der *Kultur der Quellregion* verstädterte die Landgemeinde. Bürgerlich-urbane Lebensweisen und Leitbilder, wie die Trennung von privater und beruflicher Sphäre, wurden übernommen. Die Beziehung zwischen Einheimischen und Touristen wurde in den kommenden Jahrzehnten gänzlich zu einem Geschäftsverhältnis[226], auch bedingt durch die wesentlich kürzeren Aufenthalte und die noch geringere Integration der Gäste. Durch die wachsende Vielfalt sozialer Schichten und Milieus glichen sich die sozioökonomischen Standards und die Lebensstile[227] von Einheimischen und Touristen an. Zugleich verlor das Bürgertum nach 1918 an Bedeutung.

4.5 Kunst und Tourismus in Ahrenshoop von der Nachkriegszeit bis in die Gegenwart

Nach dem Ende des Zweiten Weltkriegs engagierte sich der *Kulturbund zur demokratischen Erneuerung Deutschlands*[228] stark für die Profilierung Ahrenshoops als Ort der »Erholung der Kulturschaffenden aller Zonen«[229] und begründete damit seinen Sonderstatus im späteren DDR-Tourismus.

Mit Einwilligung der SMAD initiierte der *Kulturbund* die Neuorganisation als »Bad der Intelligenz, d.h. der Wissenschaftler, der Ärzte, der Ingenieure und Techniker, der Künstler, der Neuerer und Aktivisten«[230]. Eine »neue geistige Elite«[231] sollte die Tradition als Künstler-, Bade- und Kurort fortführen. Aus einer

---

[226] Berufsmäßige Kleidung, Kommunikationsstil, soziales Verhalten u. ä.

[227] *Lebensstile* übernehmen die Funktionen wegfallender althergebrachter Orientierungsmuster. Sie schließen soziale Lagerungen, subjektive Einstellungen und Wertorientierungen sowie manifeste Ausdrucksformen ein. Sie sind in ökonomische und soziale Lebenszusammenhänge eingebettet und erlauben individuelle sowie gruppenspezifische Spielräume.

[228] Der *Kulturbund* wurde 1945 durch den Schriftsteller *Johannes R. Becher* gegründet und sollte der deutschen Kultur eine demokratische Basis geben. Deutschlandweit gründeten sich 40 Ortsgruppen. Am 21.09.1945 bildete sich in Schwerin die Ortsgruppe für Mecklenburg-Vorpommern, deren Vorsitz der Hamburger Schriftsteller *Willi Bredel* innehatte.

[229] Vgl. Schulz 1999, Tafel 16. 1952 erfolgte die offizielle Ernennung zum *Kulturbund*-Bad.

[230] Protokoll der Gemeindevertretersitzung vom 19.09.1952.

[231] Brief von Johannes R. Becher an Willi Bredel vom 02.09.1946, zitiert nach Creutzburg / Gröschner / Rensch 2004, S. 84.

Amtsmitteilung des Bürgermeisters *Hans Brass* vom Mai 1945 geht hervor, dass Mitglieder der Organisation ihren Urlaub privilegiert in Ahrenshoop verbrachten:

> »[A]ls Kurgäste kommen nur Künstler infrage, welche durch den Kulturbund bildender Künstler in Schwerin nach Ahrenshoop kommen dürfen. Wenn Familienmitglieder nach Ahrenshoop kommen wollen, müssen sie erst um Erlaubnis fragen.«[232]

Am 1. Juni 1946 startete Ahrenshoop trotz kriegsbedingter Schäden in die erste Nachkriegssaison. Die schlechte Verkehrsanbindung führte zu massiven Behinderungen bei der Lebensmittelversorgung und erschwerte den Neubeginn. Auch die *Bunte Stube* und der *Kunstkaten* wurden 1946 wiedereröffnet. Eine Aussage des Pastors und Kulturbund-Funktionärs *Karl Kleinschmidt* anlässlich der Eröffnungsfeier des Ausstellungshauses verdeutlicht die frühen Probleme des privilegierten *Kulturbunds* in Ahrenshoop:

> »Er brachte zum Ausdruck, daß ursprünglich die Idee gewesen sei, daß die Kulturschaffenden sich hier in Ahrenshoop erholen u. als Entgelt dafür der Bevölkerung Kulturgüter vermitteln sollten. In Wahrheit sei aus dieser Gegengabe nichts geworden, dagegen hätten mehr die Fischländer Künstler ihrerseits den Kurgästen eine künstlerische Gabe geboten.«[233]

Die nationalsozialistische Kulturpolitik hatte für viele Künstler Beschränkungen bis hin zum Berufsverbot zur Folge gehabt und Sommeraufenthalte verhindert. Nach dem Krieg ließen sich erneut Kunstschaffende aller Sparten[234] in Ahrenshoop und Althagen nieder. Der Kunstmarkt litt noch unter den Kriegsfolgen, doch die Ahrenshooper Künstler waren sehr aktiv. So veranstalteten sie mit Schülern Malzirkel und Exkursionen und gaben Kunstunterricht.

Die vor allem aus ansässigen Künstlern bestehende *Kulturbund*-Ortsgruppe war in den 1950er Jahren die mitgliederstärkste Massenorganisation in Ahrenshoop und veranstaltete z. B. Theater-, Literatur- und Heimatabende, Konzerte, Klubgespräche sowie Ausstellungen für Einheimische und Badegäste. Durch den *Kulturbund* reisten viele Schriftsteller, Maler, Wissenschaftler, Presse- und Theatervertreter sowie Journalisten zu Arbeits- und Erholungsaufenthalten nach

---

[232] Zitiert nach Schulz 1992, S. 120.

[233] Brass, Hans: Tagebuch, Heft 20, zitiert nach Negendanck 2001, S. 238.

[234] Z. B. *Georg Hülsse*, *Arnold* und *Barbara Klünder*, *Hertha von Guttenberg*, *Käthe Miethe*, *Herbert Tucholski*, *Edmund Kesting*, *Doris Oberländer*, *Hans Kinder*, *Rudolf Brückner-Fuhlrott.*

Ahrenshoop.[235] Bis in die 1980er Jahre gab es einen stetigen Zuzug von Künstlern und Besuche von Malgästen. Literarische Selbstzeugnisse berichten von diesen Aufenthalten.[236]

Die rigiden kulturpolitischen Vorgaben führten jedoch auch in Ahrenshoop zu Spannungen, die 1951 mit der so genannten »Knispel-Affäre« ihren Höhepunkt erreichten.[237] Seit Ende der 1940er Jahre war über den so genannten *sozialistischen Realismus* debattiert worden, der dem arbeitenden Volk die Künste nahe bringen sollte. Der *Kulturbund* hatte sich ideologisch zunehmend dem Sozialismus angenähert und wollte Einheimische und Urlauber durch »kulturpolitisch wertvolle Veranstaltungen«[238], wie Volkstheaterfahrten, Kunstzirkel und Ausstellungen heimischer Künstler, kulturell betreuen und erzieherisch auf sie einwirken. Die Instrumentalisierung der Kultur zeigte sich auch an der geforderten Pflege der Volksbräuche und Annäherung der Bürger an ihr Land. Heimatgefühl[239] und Nationalbewusstsein sollten gestärkt und das politische System stabilisiert werden.[240] Der »Konzeptionsplan über die Perspektive des Ostseebades Ahrenshoop« von 1964 sah die Funktion der Kultur darin,

> »die Bevölkerung und auch unsere Urlauber für den Kampf um den Sieg des Sozialismus in der DDR zu begeistern, den Menschen Entspannung zu bieten und sie Kraft schöpfen zu lassen für alle vor ihnen stehenden Aufgaben.«[241]

Bereits 1947 wurde der *Kulturbund* in den britischen und amerikanischen Besatzungszonen verboten. In *Uwe Johnsons* Roman »Jahrestage« wird das Klima dieser Tage in Ahrenshoop beschrieben:

---

[235] Z. B. *Johannes R. Becher, Bertolt Brecht, Helene Weigel, Hanns Eisler, Arnold Zweig, Victor Klemperer, Stefan Heym, Anna Seghers, René Graetz, Elisabeth Shaw, Erwin Geschonnek, Uwe Johnson, Ernst Busch.*

[236] Vgl. Anhang Nr. 6, S. 134.

[237] Anlässlich einer Ausstellung von Studenten der Hochschule Burg Giebichenstein in der *Bunten Stube* griff der Journalist *Wilhelm Girnus* in einem Artikel den Formalismus der Kunsthochschulen an und sorgte für die Entlassung des Dozenten *Ulrich Knispel*. Vgl. Girnus, Wilhelm: Ferienbrief aus Ahrenshoop, ND, 06.07.1951.

[238] Beschlussentwurf zum Dorfplan für die sozialistische Entwicklung der Gemeinde Ahrenshoop im Jahr 1958, S. 5.

[239] Z. B. durch Lichtbildvorträge, Chorabende, plattdeutsche Laienspielgruppe, Heimatfeste.

[240] Vgl. Beschlussentwurf zum Dorfplan für die sozialistische Entwicklung der Gemeinde Ahrenshoop im Jahr 1958, S. 5.

[241] Konzeptionsplan über die Perspektive des Ostseebades Ahrenshoop von 1964.

> »Hier hatte die Regierung der sowjetischen Zone eine Spielwiese hergerichtet für die Intellektuellen, die sie für artig ansah, oder benutzbar. [...] Den Intellektuellen der Zone wurde das Fischland zugeteilt wie eine Medizin; nach vierzehn Tagen mußten sie Platz machen.«[242]

Die Grundstücke westdeutscher Besitzer gingen 1952 an die Gemeinde Ahrenshoop über.[243] Mithilfe der *Aktion Rose* wurden ein Jahr später zahlreiche Betreiber privater Unterkünfte und Geschäfte an der ostdeutschen Küste verhaftet und enteignet. Das *Kurhaus*, das *Seeblick*, das *Seezeichen*, *Am Deich*, der *Charlottenhof*, das *Boddenhaus* und das *Ostsee-Hotel* wurden dem FDGB, dem Konsum oder der staatlichen Handelsorganisation unterstellt.

Seit Beginn der fünfziger Jahre kamen wieder zahlreiche Urlauber nach Ahrenshoop. 1967 wurde die Grenze von insgesamt 10.000 Sommerurlaubern erstmals überschritten. Die Einwohnerzahl lag im selben Jahr bei 850 Personen. War anfangs vor allem die »technische und wissenschaftliche Intelligenz«[244] zu Gast, überwogen bald die Arbeiterfamilien[245], während für die *Kulturbund*-Urlauber immer weniger Kapazitäten zur Verfügung standen.

Jahr	1947	1950	1951	1952	1953	1954	1955	1956
Zahl der Einwohner	–	–	–	–	250*	–	–	–
Zahl der Badegäste	1.539	2.480	3.286	6.572	6.461	6.351	7.686	5.915
Jahr	1958	1960	1967	1969	1970	1972	1975	1987
Zahl der Einwohner	–	875**	850**	–	890**	–	–	–
Zahl der Badegäste	7.101	8.019	10.000	9.575	–	10.319	11.147	22.600

Abb. 15: Zahl der Ahrenshooper Einwohner und Badegäste pro Jahr 1947–1987
Quelle: Zusammenstellung nach Gemeindeakten, in: Kreisarchiv Nordvorpommern, Außenstelle Ribnitz-Damgarten.

*Ahrenshoop ohne Alt- und Niehagen.

**Ahrenshoop inklusive Alt- und Niehagen. Da Ahrenshoop dem Landkreis Rostock-Land angegliedert wurde, bildeten die mecklenburgischen Dörfer Alt- und Niehagen und das vorpommersche Ahrenshoop ab dem 1. Juli 1950 eine Gemeinde. Ab 1952 gehörte diese dem Landkreis Ribnitz-Damgarten an.

---

[242] Johnson, Uwe: Jahrestage. Aus dem Leben von Gesine Cresspahl, Bd. 3 und 4, Wien, Frankfurt / Main, 1973 / 1983, S. 422.

[243] U. a. *Kunstkaten*, *Dornenhaus*, Haus *Elisabeth von Eicken*.

[244] Sozial Privilegierte und Bürgerliche wurden als *Intelligenz* bezeichnet.

[245] Vgl. Fremdenverkehrsstatistiken 1950-53, III. Die Badegäste nach der sozialen Stellung.

Das Verhältnis zwischen den *Kulturbund*-Gästen und den Einheimischen war ambivalent. Viele Vertreter der *Intelligenz* waren Häftlinge der Nationalsozialisten oder Emigranten gewesen und vermuteten unter den Ortsansässigen ehemalige Nazis. Später sahen sie vor allem in den Mitgliedern der *Kulturbund*-Ortsgruppe »ausgesprochene Feinde der DDR«[246].

Die für die DDR-Touristik typischen Kapazitäts- und Qualitätsmankos bei der organisierten Bettenvermietung und Verpflegung[247] sowie ein Mangel an kulturellen und gesellschaftlichen Veranstaltungen herrschten auch in Ahrenshoop. In einer von *Becher* geforderten Einschätzung der Situation hieß es 1952:

> »Das Bad hat weder in der Zusammensetzung der Kurgäste noch rein äußerlich in einer künstlerisch hochwertigen Sichtwerbung den Charakter eines Bades der fortschrittlichen Intelligenz. Ahrenshoop muß […] des Kulturbundes langsam würdig werden.«[248]

Vier Jahre später schien sich die Situation laut des Protokolls der Gemeindevertretersitzung nicht verbessert zu haben:

> »Es liegt klar auf der Hand, dass in diesem Jahr eine Reihe von Unzulänglichkeiten im Ablauf der Saison vorhanden waren, die darauf zurückzuführen sind, dass der Kulturbund, das Reisebüro und auch der Rat der Gemeinde bisher keine feste Perspektive vor sich hatten, alle drei Institutionen plan- und ziellos arbeiteten und von einer Saison in die andere getrieben wurden.«[249]

Es kam zu Beschwerden der Kurgäste bei der Bundesleitung des *Kulturbunds*. Machtkämpfe zwischen der Organisation, FDGB und DER verstärkten die Krise noch. Bereits 1948 war der *Kulturbund* nach seinem durch die Währungsreform bedingten Bankrott in staatliche Abhängigkeit geraten. 1953 verlor er mit der Gründung des Kulturministeriums und der Herauslösung der Künstlerverbände an Einfluss, dennoch hielt er bis zur Deutschen Einheit an Ahrenshoop fest.

Maßnahmen wie der Bau der »Schifferkirche« (1951), Küstenschutzaktivitäten und die Errichtung eines Seedeichs (1955/56), die Instandsetzung der Was-

---

[246] Creutzburg / Gröschner / Rensch 2004, S. 78.

[247] Aufgrund mangelnder Kapazitäten wurde in den Gaststätten in Schichten gespeist. Es fehlte an bestimmten Lebensmitteln, die Preise waren hoch, und trotz Lebensmittelmarken bekamen nicht alle dieselbe Menge.

[248] Einschätzung vom 19.09.1952, zitiert nach Creutzburg / Gröschner / Rensch 2004, S. 78.

[249] Protokoll der Gemeindevertretersitzung, 15.08.1956.

serversorgung (1959) sowie die Schaffung von Naturschutzgebieten am Westdarß (1957) und im »Ahrenshooper Holz« (1961) sollten die infrastrukturelle Rückständigkeit beseitigen.

1955 wurde Ahrenshoop an die Fischland-Chaussee angeschlossen, die 1956 bis zum Ortsende verlängert und 1960 bis nach Born ausgedehnt wurde, so dass die Halbinsel komplett umrundet werden konnte. Damit wurde Ahrenshoop zum Durchfahrtsort, und das Verkehrsaufkommen erhöhte sich stark. Die Bewahrung des Ortscharakters wurde zwar auf den Gemeinderatssitzungen angemahnt, dennoch gab es 1960/61 eine kontroverse öffentliche Diskussion um die Pläne für das so genannte »neue Ahrenshoop«, nach denen das Seebad massiv umgestaltet werden sollte. Eine Ausweitung und qualitative Verbesserung der mangelhaften Übernachtungs- und Gastronomiekapazitäten sowie des Erholungs- und Kulturangebots wurde angestrebt.[250] Das DER, seit 1957 Inhaber des *Kurhauses*, wollte es im Auftrag des *Kulturbunds* bis 1964 zum neungeschossigen Hochhaus mit 130 Betten umbauen. Weiterhin sollten bis 1966 eine Bungalow-Siedlung mit 30 Doppelzimmern, 20 Einbettzimmern und einem Restaurant mit 300 Plätzen sowie eine Hotelsiedlung aus fünf ein- bis zweistöckigen Hotels mit 40 bis 50 Betten, Parkplätzen und einem Restaurant mit 500 Plätzen fertig gestellt werden. Zusätzlich waren für 1965 weitere Hotels mit 250 Plätzen, Apartmentwohnungen, ein Garagenbau und ein Heizgebäude geplant. Die Gesamtkosten wurden auf 16 Millionen Mark geschätzt.

Im Februar 1961 fragte *Egon Richter* in einem Artikel in der *Kulturbund*-Wochenzeitung *Sonntag*: »Wie finden Sie DAS NEUE AHRENSHOOP?« Daraufhin wurden alle vier Wochen Zuschriften veröffentlicht, die die einschneidenden Pläne diskutierten. Der Massentourismus schien das exklusive Intellektuellen- und Funktionärs-Refugium zu bedrohen. Vor allem Bevölkerung und Stammgäste[251] protestierten gegen den Bau von Hochhäusern. Im Juni 1961 hieß es in *Richters* abschließendem Bericht: »So finden Sie das neue Ahrenshoop«. Fazit der Debatte war, dass das Bauvorhaben trotz zahlreicher Kritik umgesetzt werden sollte. Mit Ausnahme des *Kurhaus*-Neubaus zwischen 1967 und 1969 wurde allerdings nichts verwirklicht; durch den Mauerbau mangelte es an Finanz- und Baumitteln. Ebenso wenig wurde ein »Haus des Kulturbundes

---

[250] Vgl. Konzeptionspläne über die Perspektive des Ostseebades Ahrenshoop, 1963 – 1968.
[251] Die so genannte *Wunschgastvermietung* ermöglichte trotz zentraler Unterkunftszuweisung die erneute Vermietung an Vorjahresgäste.

für die Versorgung und kulturelle Betreuung der Kulturbund-Urlauber in Ahrenshoop« realisiert. Stattdessen entstanden in den 1960er und 1970er Jahren einige Kinderferienlager, Wochenendhäuser und Betriebsferienheime. Ahrenshoop wurde demnach architektonisch kaum durch die DDR-Ära geprägt.

Nach der Wiedervereinigung kam es zu zahlreichen Grundstücksrückgaben an westdeutsche Alteigentümer. 1991 gründete sich die Kurverwaltung als kommunaler Eigenbetrieb und musste dafür Sorge tragen, dass die Qualitätsstandards der Versorgung und Unterbringung stark verbessert und die Infrastruktur abermals ausgebaut und saniert wurde.[252] Die »Gestaltungssatzung für Ahrenshoop, Althagen und Niehagen« regelt seit 1997 das Erscheinungsbild von Um- und Neubauten.[253] In den 1990er Jahren und nach 2000 erfolgten zahlreiche Sanierungen und Wiedereröffnungen traditionsreicher Gasthäuser, Pensionen und Galerien. Neben der Umnutzung von Altlasten und der Wiederbelebung traditioneller Nutzformen einiger Gebäude kam es zu Neuansiedlungen von Kulturveranstaltern und Neubaus moderner Hotels, Pensionen und Ausstellungshäuser für zeitgenössische Kunst.[254]

Die Erhaltung der Bausubstanz unter Betonung geschichtlich wichtiger Ortsbereiche sowie die räumliche und funktionelle Vernetzung der Kunst-, Kultur- und Bildungseinrichtungen förderten das spezifische Image als Künstlerort. Die Stärkung der touristischen Potentiale und die Konzentration auf einen sanften Tourismus mit zielgruppenspezifischen Angeboten sollten eine kontinuierliche Auslastung und die Bindung von Kurgästen, Touristen und Einwohnern an den Ort gewährleisten.[255] Zunächst wurden hinsichtlich Bettenanzahl, gastronomischem und Dienstleistungsservice Basisangebote geschaffen.[256] Die Ansiedlung

---

[252] Z. B. Installation des neuen Telefonnetzes und Bau des Erdgas-Versorgungsnetzes (1994), Ausbau des Radwanderwegenetzes (bis 1995), Neubau der Dorfstraße inkl. Radweg, Gehweg und Straßenbepflanzung (1998/99), Sanierung des Abwassernetzes (1998).

[253] Es dürfen gebaut werden: Niederdeutsche Hallenhäuser, Künstlerhäuser, Hochdielenhäuser, Schifferhäuser, Drempelhäuser, Katen. Selbst der Supermarkt und die Apotheke haben Rohrdächer. Für die Bereiche Schifferberg und Hohes Ufer gibt es daneben Erhaltungssatzungen.

[254] Z. B. *Strandhalle*, *Künstlerhaus Lukas*, *Neues Kunsthaus Ahrenshoop*, *Galerie Peters-Barenbrock* im Haus *Elisabeth von Eicken*, *Galerie im Dornenhaus*, Galerie *Dünenhaus*, Klanggalerie *Das Ohr*, Galerie *Alte Schule*.

[255] AWIS: Wirtschafts- und Strukturkonzept für die Gemeinde Ahrenshoop, Stand: 16.06.1992.

[256] 1991 gab es 1.147 Betten, 8 Restaurants und Gaststätten (insg. 500 Plätze) und 21 Arbeitsplätze in tourismusnahen Dienstleistungsbereichen. Die Reha-Klinik wurde erst 1993 eröffnet. Das Kurhaus war bis 1993 in Betrieb.

von Gewerbetreibenden bot ganzjährige Arbeitsplätze und gesicherte Einkommen. In einem nächsten Schritt wurde die Angebotsqualität gesteigert, um die Entwicklung vom Massen- zum Individualtourismus zu fördern und an die Tradition als Künstlerkolonie anzuknüpfen. 1999 wurde Ahrenshoop schließlich zum »staatlich anerkannten Seebad« ernannt.

Während die Maler Ende des 19. Jahrhunderts von der reizvollen Küstenlandschaft in und um Ahrenhoop fasziniert waren, ist die öffentliche Außenwahrnehmung des Ortes heute vor allem durch die Kunst geprägt. Die Grundsteine für die weitere Profilierung Ahrenshoops als Künstlerort wurden nach 1990 gelegt und das kulturhistorische Potential in die Gegenwart übertragen und neu belebt.[257]

---

[257] 1992 gab es in Ahrenshoop neben zahlreichen Angestellten und Betreibern von Galerien und Kunsthäusern fünf Kunsthandwerker und vier Künstler.

5. KULTURTOURISMUS IM HEUTIGEN KÜNSTLERORT AHRENSHOOP

5.1 Trends und Perspektiven des Tourismus in Mecklenburg-Vorpommern

Nach der Wiedervereinigung brachen die Gäste- und Übernachtungszahlen in Mecklenburg-Vorpommern trotz neuer Besucher aus dem Westen Deutschlands stark ein. Die Reisefreiheit hatte der ostdeutschen Bevölkerung eine Vielzahl neuer Zielgebiete eröffnet. Ein gelungener Übergang vom staatlich organisierten Erholungswesen zur konkurrenzorientierten Tourismuswirtschaft war für das landwirtschaftlich reizvolle, jedoch bevölkerungsarme, ländlich geprägte und ökonomisch strukturschwache Mecklenburg-Vorpommern und seine traditionell touristisch genutzte Küste von enormer Bedeutung.

Mithilfe von Leistungen der GRW[258] gelang es dem Tourismussektor, den Systemwechsel erfolgreich zu bewältigen. Zuvor mussten eine ausreichende Bettenanzahl geschaffen und die Komfortstandards stark verbessert werden. Anfang der 1990er Jahre überstiegen die geschaffenen Kapazitäten zunächst die Nachfrage. Im Verlauf des Jahrzehnts vollzog sich ein Wandel hin zu einem qualitativ höherwertigen Übernachtungs- und Gastronomieangebot und einer modernen touristischen Infrastruktur.

Heute sind Tourismus und tourismusnahe Branchen die wichtigsten regionalen Wirtschafts- und Beschäftigungsfaktoren[259], wobei die Schwerpunkte auf den Küsten von Fischland-Darß-Zingst, Rügen, Hiddensee und Usedom liegen. Durchschnittlich 96 Prozent der Besucher stammten in den vergangenen Jahren aus Deutschland[260]; die ausländischen Gäste reisten vor allem aus Schweden, Dänemark, der Niederlande und Polen an.[261]

---

[258] Die Gemeinschaftsaufgabe »Verbesserung der regionalen Wirtschaftsstruktur« bezeichnet Geldzahlungen und Koordinierungsaufgaben des Bundes, mit denen strukturschwache Bundesländer hinsichtlich ihrer wirtschaftlichen Wettbewerbsfähigkeit gefördert werden sollen.

[259] Land- und Forstwirtschaft, Fischerei, Dienstleistungssektor, Gesundheits- und Erholungswirtschaft, Handel, Gastgewerbe, Verkehr sowie der öffentliche Sektor sind die wichtigsten Wirtschafts- und Erwerbszweige M-Vs, während das Produzierende Gewerbe (mit Ausnahme von Bau- und Ernährungsgewerbe sowie Schiffbau) und damit die industrielle Basis insgesamt im bundesdeutschen Vergleich schwach ausgeprägt sind. Vgl. Jasmand, Stephanie / Teubel, Ulf: Regionale Wirtschaftsprofile. Mecklenburg-Vorpommern, Hamburg Juni 2005, S. 8 ff.

[260] Vgl. ebd., S. 10.

[261] Vgl. http://www.tmv.de/site/24_49/49.html.

Wird die Zahl der Übernachtungen ins Verhältnis zur Einwohnerzahl gesetzt, lag Mecklenburg-Vorpommern 2006 im Ländervergleich bundesweit auf Platz Eins.

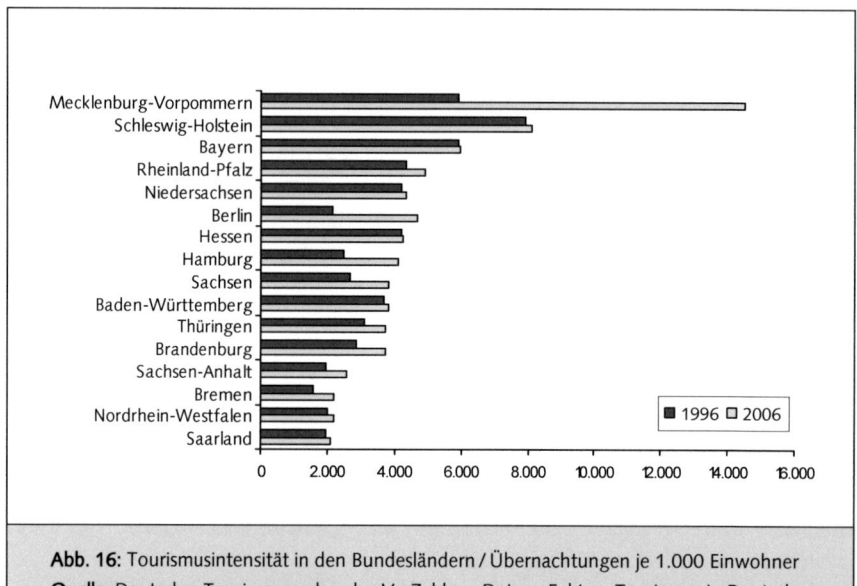

Abb. 16: Tourismusintensität in den Bundesländern / Übernachtungen je 1.000 Einwohner
Quelle: Deutscher Tourismusverband e. V.: Zahlen – Daten – Fakten. Tourismus in Deutschland 2006, Bonn Mai 2007, S. 11.

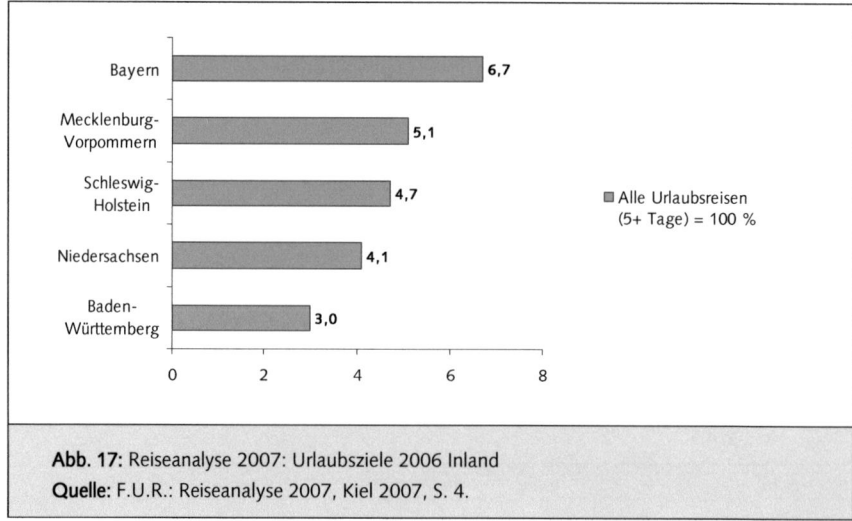

Abb. 17: Reiseanalyse 2007: Urlaubsziele 2006 Inland
Quelle: F.U.R.: Reiseanalyse 2007, Kiel 2007, S. 4.

Hinsichtlich der absoluten Übernachtungszahl verzeichnete Mecklenburg-Vorpommern im Jahr 2006 5,96 Millionen Gästeankünfte und 24,77 Millionen Übernachtungen in Beherbergungsstätten mit neun und mehr Betten einschließlich Touristik-Camping. Damit lag das Bundesland im Ländervergleich 2006 erneut auf Platz Zwei hinter Bayern. Auch eine getrennte Betrachtung der Übernachtungen in Beherbergungsstätten und auf Campingplätzen zeigt, dass sich die Branche leicht erholt hat: »Im Vergleich zum Vorjahr stieg die Zahl der Ankünfte sowie die Zahl der Übernachtungen in Beherbergungsbetrieben (ohne Camping) leicht an. Während 2005 noch knapp 5,1 Millionen Gäste nach Mecklenburg-Vorpommern kamen, stieg die Zahl der Besucher 2006 auf fast 5,2 Millionen (+ 2,1 Prozent zum Vorjahr). Die Zahl der Übernachtungen stieg von 21,2 Millionen 2005 auf 21,4 Millionen 2006.«[262]

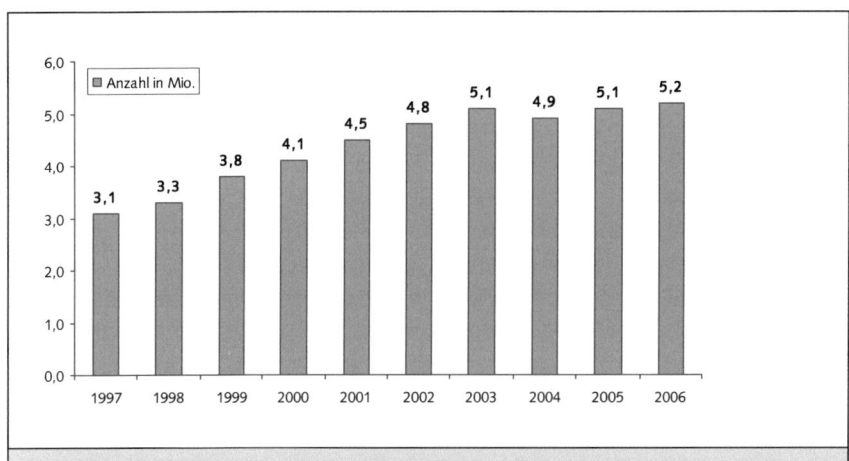

Abb. 18: Anzahl der Gästeankünfte in gewerblichen Betrieben ab 9 Betten (ohne Camping-plätze) seit 1997
Quelle: Statistisches Landesamt Mecklenburg-Vorpommern.

In den Jahren 2004 und 2005 verzeichnete die Tourismusbranche nach der sehr erfolgreichen Saison 2003 eine Stagnation und teilweise einen Rückgang der Gästeankünfte und Übernachtungen. Die Phase hoher Wachstumsraten scheint vorüber zu sein, jetzt müssen diese auf hohem Niveau stabilisiert werden.

---

[262] http://www.tmv.de/site/24_49/49.html. Die Zahlen für 2007 lagen zum Veröffentlichungs-zeitpunkt noch nicht vollständig vor.

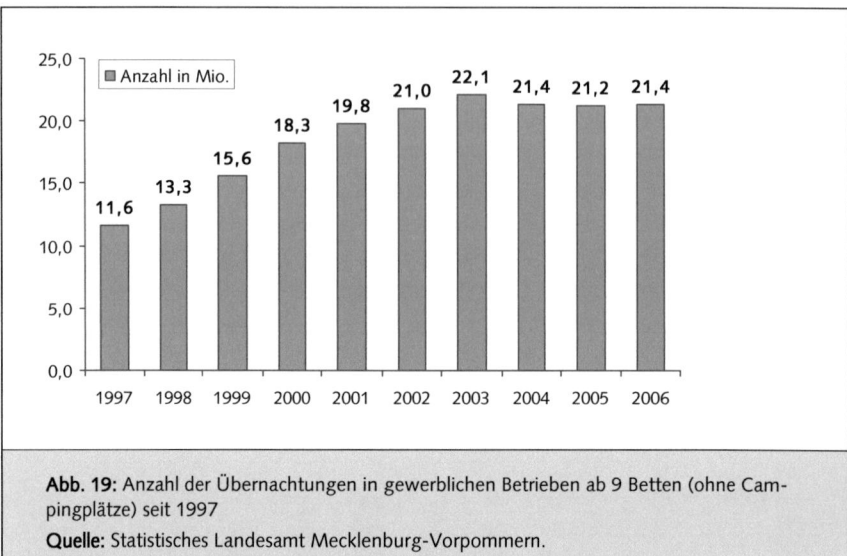

Abb. 19: Anzahl der Übernachtungen in gewerblichen Betrieben ab 9 Betten (ohne Campingplätze) seit 1997
Quelle: Statistisches Landesamt Mecklenburg-Vorpommern.

Heute zeichnet sich das Reisen durch Häufigkeit, Kurzfristigkeit und Kürze aus. Die differenzierten Reisemotive und -ansprüche erfordern einen Zuschnitt auf spezielle Zielgruppen und eine starke Qualitätsausrichtung.[263] Auch in der Tourismuskonzeption der Landesregierung wird besonderer Wert auf Maßnahmen zur Niveausteigerung und Saisonverlängerung gelegt. Die Bedeutung des Kulturtourismus für diese Ziele wurde erkannt: »Insbesondere der Kultur-, Städte- und Eventtourismus tragen mit der Vielfalt ihrer Angebote zur Attraktivität des Tourismus und zur Steigerung der touristischen Nachfrage bei. Zielstellung ist eine weitere Verbesserung der Wechselbeziehungen zwischen wirtschaftlicher und kultureller Entwicklung, ihrer Förderung und optimalen Nutzung der möglichen Wertschöpfungspotentiale zwischen diesen Wirtschaftszweigen.«[264]

Kulturförderung dient demnach indirekt der Wirtschaftsförderung. Erstgenannte können die Kulturinstitutionen häufig nur mit Hinweis auf ihre touristische Bedeutung akquirieren. Dennoch sind die finanziellen Zuschüsse aufgrund knapper öffentlicher Haushaltsmittel rückläufig und ungewiss, was zu Planungs-

---

[263] Vgl. DTV 05 / 2002, S. 11. Vgl. Ministerium für Arbeit, Bau und Landesentwicklung M-V: Landesraumentwicklungsprogramm Mecklenburg-Vorpommern, Schwerin August 2005, S. 20.
[264] Wirtschaftsministerium M-V: Förderprogramm 2005, S. 20.

und Existenzunsicherheiten führt. Eine engere Kooperation zwischen Kulturveranstaltern, Touristikern und Kommunen ist insofern für den wirtschaftlichen Erfolg und den dauerhaften Fortbestand der touristischen als auch der kulturellen Anbieter elementar.

5.2 Kulturtourismus im ländlichen Raum

»Kulturtourismus ist eine Angebotsform im Tourismus, die versucht, dem bildungsorientierten Besucher kulturelle Eigenarten und Ereignisse in einer Region nahezubringen und ihn durch geeignete Kommunikationsmittel mit ihr in Kontakt treten zu lassen. [...] Kulturtourismus zielt auf die Vermittlung früherer und heutiger Lebensweisen der einheimischen Bevölkerung in ihrem sozialen und ökonomischen Umfeld einschließlich ihrer materiellen und baulichen Umgebung ab.«[265]

Diesem Verständnis liegt ein weit gefasster Kulturbegriff zugrunde, der das Erlebnisbedürfnis der Kulturinteressierten einbezieht. *Kulturtourismus* umfasst zwei Seiten, die des Kulturangebots und die der kulturtouristischen Nachfrage. Auf der Anbieterseite kooperieren die Kulturschaffenden des Non-Profit-Bereichs und die touristischen Dienstleister des Profit-Bereichs, um gemeinsam ein optimales Angebot zu schaffen, zu vermarkten und dabei voneinander zu profitieren. Der Wirtschaftswissenschaftlerin und Tourismusforscherin *Edith Kriegner* zufolge wertet Kultur »das touristische Angebot auf und erhöht die Attraktivität von Destinationen, und Tourismus liefert Geld für [...] Kultureinrichtungen. Durch Kulturangebote können [...] insbesondere zahlungskräftigere Gäste angezogen werden, die für ein breites Feld an touristischen Anbietern Nutzen bedeuten. Dazu können die Kultureinrichtungen selbst durch den Tourismus eine Chance nützen, ein breiteres Publikum (als die einheimische Bevölkerung) anzusprechen und damit auch besser und kostendeckender – wenn nicht sogar gewinnbringend – arbeiten.«[266] *Kulturtourismus* kann somit die regionale und überregionale Attraktivität und Bekanntheit eines Gebiets steigern und Vorteile im touristischen Wettbewerb schaffen. Vor allem einzelne Kulturanbieter können in Zeiten knapper werdender öffentlicher Haushaltmittel durch ihre Bedeutung für den Tourismusstandort eine Daseinsberechtigung erlangen. Eine enge

---

[265] Wirtschaftsministerium M-V: Förderprogramm 2005, S. 20.

[266] Kriegner, Edith: Museen und Tourismus. Chancen und Probleme der Kooperation am Beispiel ausgewählter oö. Museen, in: Trans. Internet-Zeitschrift für Kulturwissenschaften, Nr. 15, Juni 2004.

Zusammenarbeit zwischen touristischen Veranstaltern und Kulturträgern ist dabei notwendig, um neue Besucher zu erreichen. Bisher gibt es in vielen Kommunen aufgrund von unterschiedlichen Planungshorizonten, mangelhaften Finanzierungssicherheiten und fehlenden gemeinsamen Marketingstrategien noch Vernetzungsprobleme zwischen den Kultur- und Tourismusbereichen.[267]

Kulturtourismus integriert saisonverlängernde Maßnahmen und eine differenzierte Angebotsstruktur, die auch für Kurzurlaub[268], Tages-, Geschäfts- und Tagungstourismus sowie Naherholung geeignet ist. Zudem kann die Aufenthaltsdauer der Gäste potentiell verlängert werden. *Kulturtourismus* wirkt auch als Impulsgeber auf ökonomische Faktoren[269] wie Wertschöpfung, Kaufkraft und kommunale Steuereinnahmen. Den Einwohnern kommt die Schaffung und Sicherung von Vollzeit-, Teilzeit- und Saisonarbeitsplätzen und damit einhergehendem Einkommen zugute.

Daneben gibt es die »weichen« Faktoren. So bietet *Kulturtourismus* angesichts von Bevölkerungsschwund bis hin zum Verwaisen ganzer Ortschaften die Möglichkeit der Stimulation und Aufwertung, indem die Lebensqualität der Bewohner durch Freizeit- und Erholungsangebote verbessert wird. In Kombination mit »harten« Faktoren kann dies der Abwanderung vorbeugen, was zu ökonomischen Effekten auf die Region führt.[270] Da die alleinige Konzentration strukturschwacher ländlicher Regionen auf Tourismus als Wirtschaftsfaktor die Bodenpreise und die Lebenshaltungskosten erhöht, unterliegen solche Gebiete dem Druck einer fortwährend hohen touristischen Auslastung. Die Schwerpunktsetzung auf Kunst und Kultur eignet sich angesichts der Homogenisierung touristischer Destinationen dazu, dies zu gewährleisten.

In der Tourismusforschung gibt es eine Vielzahl von Modellen des *Kulturtourismus*. Die Typenbildung des Kultur- und Regionalgeografen *Ralph Jätzold* eignet sich, um die Künstlerkolonie Ahrenshoop einzuordnen, gegenüber anderen *Kulturtourismus*-Typen abzugrenzen und dem weiten Kulturbegriff Rechnung zu tragen. Ahrenshoop fällt im Rahmen dieses Modells sowohl unter den

---

[267] Vgl. Ostdeutscher Sparkassen- und Giroverband: Das S-Tourismusbarometer 2003. Kulturtourismus in Ostdeutschland, Jahresbericht, Berlin 2003, S. 107.

[268] Zwei bis vier Tage.

[269] Vgl. Anhang Nr. 13 Vertiefung zu den ökonomischen Faktoren des *Kulturtourismus*, S. 140.

[270] Vgl. Museumsverband in Mecklenburg-Vorpommern e. V.: Kulturanalyse für Mecklenburg-Vorpommern. Auswertung einer Befragung von kulturellen Einrichtungen und Initiativen im Jahr 2004, Bentwisch 2004, S. 96.

Ensemble-Kulturtourismus als auch unter den *Ereignis-Kulturtourismus*, da es sich einerseits um ein gesamtes Dorf handelt, das kultur- und kunstgeschichtlich bedeutsam ist, und andererseits ein aktuelles Kulturveranstaltungsprogramm geboten wird. Die einzelnen Galerien, Ausstellungshäuser und Sehenswürdigkeiten des Ortes zählen zum *Objekt-Kulturtourismus*.

Reise- bzw. Ausflugsmotiv	Art des Kultur-tourismus	Untergruppe der Motive	Unterarten des Kulturtourismus
Einzel-Kultur-objekte im weitesten Sinne	Objekt-Kulturtourismus	Kirchen, Schlösser Galerien, Museen Ausstellungen Burgen, Festungen Historische Stätten Architektonische Stätten Technische Sehens-würdigkeiten, Industrie	Kunst-Tourismus Museums-Tourismus Burgen-Tourismus Geschichts-Tourismus Vorgeschichte des Tourismus Industrie-Tourismus
Kulturobjekt-Häufungen	Gebiets-Kulturtourismus	Kulturlandschaften Sehenswürdigkeiten Weinbau-Landschaften Schlosshäufungen Straßen kultureller Objekte	Kulturlandschafts-Tourismus Kulturgebiets-Tourismus
Kulturensemble	Ensemble-Kulturtourismus	Dorf-Ensembles Städtische Ensembles	Dorf-Tourismus Stadt-Tourismus
Kulturelle Ereignisse im weitesten Sinne	Ereignis-Kulturtourismus	Festspiele, Folkloristische Veranstaltungen Kurse in Kunst, Musik Volksmusik, -tanz, -kunst	Festspiel-Tourismus Veranstaltungs-Tourismus Kurs-Tourismus
Gastronomische Kultur	Gastronomischer Kulturtourismus	Weinleseteilnahme Weinproben, -einkauf Gut essen (Spezialitäten)	Erlebnis-Kulturtourismus Wein-Tourismus Schlemmer-Tourismus

Abb. 20: Typen kulturtouristischer Veranstaltungen (angebotsseitige Kategorisierung)
Quelle: Jätzold, Ralph: Differenzierungs- und Förderungsmöglichkeiten des Kulturtourismus und die Erfassung seiner Potentiale am Beispiel des Ardennen-Eifel-Saar-Moselraumes, in: Becker, Christoph / Steinecke, Albrecht: Kulturtourismus in Europa: Wachstum ohne Grenzen?, Trier 1993, S. 138.

5.2.1 Zielgruppen von Kulturtourismus

Mit den wachsenden Reiseerfahrungen in weiten Teilen der Bevölkerungs-schichten nahmen auch die Vergleichsmöglichkeiten und Ansprüche zu. Vor dem Hintergrund der Wertepluralisierung und der Ausdifferenzierung von so-ziokulturellen Faktoren und Lebensstilmustern verfeinerten sich die Reisemotive und -arten. Zugleich überschnitten sich die Bedürfnisse der Angehörigen ver-schiedener Milieus bei ihrer Urlaubsplanung und -gestaltung. Die Zielgruppen der Tourismusbranche lassen sich laut dem Tourismuspraktiker *Johann-Friedrich Engel* längst nicht mehr ausschließlich anhand soziodemografischer Faktoren charakterisieren, sondern zerfallen in eine Vielzahl von Gruppen mit unter-schiedlichem Reiseverhalten je nach spezifischen Lebensmustern und Neigun-gen.[271] Durch die – gemessen an der Hochphase der Industrialisierung – gestie-gene Freizeitorientierung ähneln sich Lebens- und Freizeitstile zunehmend. Das Lebensstil-Konzept[272] hat deshalb Eingang in die Tourismusforschung gefunden.

Die Angebote der touristischen und tourismusnahen Wettbewerber überstei-gen die Nachfrage der potentiellen Urlauber. Da ihr Interesse von zahlreichen Einflussfaktoren[273] gesteuert wird, ist eine zielgruppengerechte Vermarktung besonders wichtig. *Kulturtourismus* wird aus dieser Perspektive als ein Markt verstanden, dessen Nachfrageseite im Mittelpunkt des Interesses von Touristi-kern und touristischen Marketingmaßnahmen steht.

Das Streben nach Distinktion ist auch heute noch zwischen den verschiede-nen Touristentypen vorhanden. Der kulturinteressierte Individualreisende ver-fügt im Sinne des französischen Soziologen *Pierre Bourdieu* über ausreichend ökonomisches, soziales und kulturelles Kapital[274], das heißt er ist gebildet, besser verdienend und nimmt im sozialen Raum eine hohe Position ein.[275] Die Abgren-

---

[271] Vgl. Engel, Johann-Friedrich: Tourismus und Tourismuskonzepte in Mecklenburg-Vor-pommern, Rostocker Informationen zu Politik und Verwaltung, Heft 11, Rostock 1999, S. 19.

[272] Vgl. Definition des soziologischen Begriffs *Lebensstil*, S. 75.

[273] U. a. Reisemotiv und -anlass, Konjunkturlage, Preisgestaltung, Wetterbedingungen, Jahres-zeit / Saison, soziodemografische Faktoren.

[274] *Kulturelles Kapital* als inkorporiertes, objektiviertes oder institutionalisiertes Kapital spiegelt sich im Bildungsgrad, dem Besitz materieller und symbolischer Kulturobjekte und der Führung offiziell anerkannter Bildungstitel. Vgl. Fröhlich, Gerhard: Kapital, Habitus, Feld, Symbol. Grundbegriffe der Kulturtheorie bei Pierre Bourdieu, in: Fröhlich / Mörth 1994, S. 35 ff.

[275] Die Gesamtgesellschaft ist als Summe der drei Kapitalsorten dreidimensional. Die herrschen-den Klassen verfügen über das höchste ökonomische und kulturelle Kapital.

zung gegenüber dem Massentouristen ist diesem anspruchsvollen Touristen wichtig. Genuss, Prestigekonsum sowie eine aktive und individuelle Freizeitgestaltung stehen für ihn im Vordergrund.

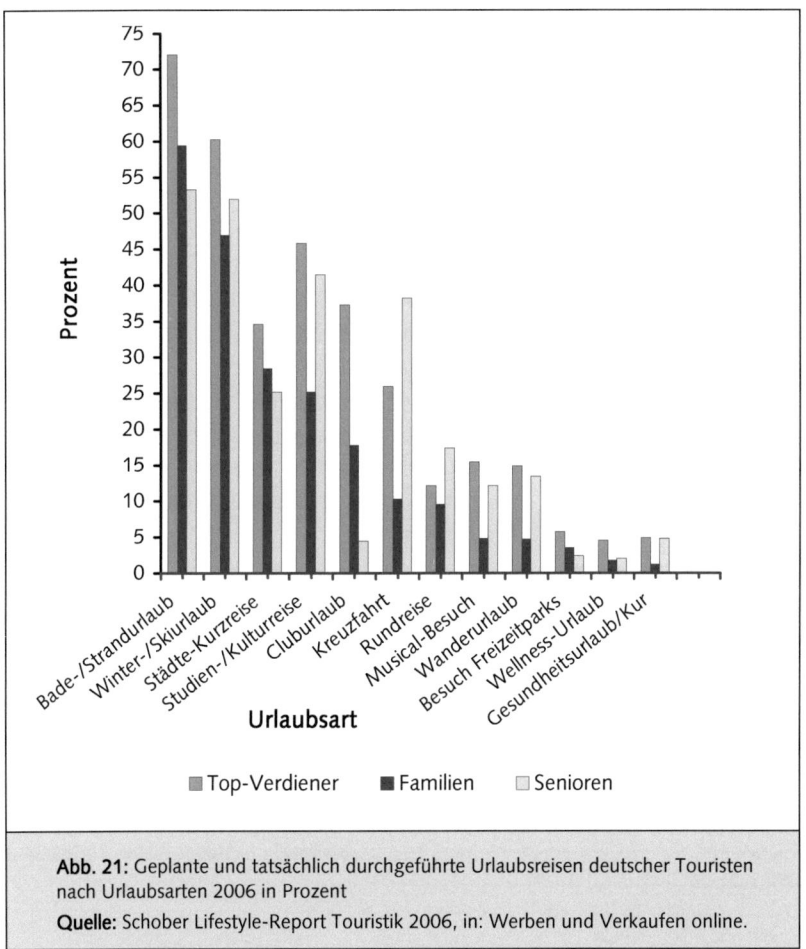

Abb. 21: Geplante und tatsächlich durchgeführte Urlaubsreisen deutscher Touristen nach Urlaubsarten 2006 in Prozent

Quelle: Schober Lifestyle-Report Touristik 2006, in: Werben und Verkaufen online.

Für den *Kulturtouristen* im engeren Sinn ist Kulturgenuss das Hauptreisemotiv. Der *Auch-Kultur-Tourist* sieht im Kulturangebot einen wichtigen Mehrwert neben anderen Interessen. Die Zielgruppen können sich überschneiden. Zwar sollen beide erreicht werden, doch letztgenannte sind für Kultur- und Tourismusanbieter als die größere Gruppe von besonderem Interesse.

5.3 Das kulturtouristische Profil Ahrenshoops

Generell hat der *Kulturtourismus* an der Küste Mecklenburg-Vorpommerns aufgrund der starken Ausrichtung auf Bade- und Erholungstourismus eine nachrangige Bedeutung. Für die Gemeinde Ahrenshoop ist die Verbindung von Kultur und Fremdenverkehr jedoch der wichtigste Entwicklungs- und Wirtschaftsfaktor. Wie zur Zeit der ersten Kolonisten entfaltet sich in einer dörflichen Struktur ein ungewöhnlich umfassendes kulturelles Angebot, das auch touristischen Zielsetzungen dienlich ist. Die Gemeinde- und Kulturvertreter nutzen das *historische Erbe* als Alleinstellungsmerkmal, um sich von den konkurrierenden touristischen Zentren[276] abzusetzen und ihre kulturelle Identität zu vermarkten. Das Werbemotto »Ahrenshoop – Ein Ort wie gemalt« zeigt, dass das Bewusstsein für die kulturtouristische Orientierung stark ausgeprägt ist. Die kulturgeschichtliche Komponente und das aktuelle Kulturangebot ergänzen sich durch regionaltypische Veranstaltungen[277], Ausstellungen traditioneller und zeitgenössischer Kunst, Workshops, Wanderungen[278], Lesungen, Konzerte, Symposien u. v. m.[279] Die Kultur- und Kunstgeschichte Ahrenshoops wird damit für die Touristen scheinbar authentisch[280] und aktiv erlebbar. Wie in der Malerkolonie-Ära spiegelt sich die geografische Attraktivität der Region in den Kunstwerken und Veranstaltungsorten wider.

Mit diesem Qualitätstourismus wird ein bestimmtes Publikum von anspruchsvollen und zahlungskräftigen Individualreisenden angezogen, auf das die Veranstaltungen konkret zugeschnitten sind. Die vorgeprägten Erwartungen an das Kulturangebot strukturieren ihren Urlaub.[281] Damit der Standort für andere Touristen nicht zu exklusiv erscheint, sollen Namen berühmter Künstler auch sie ansprechen, während weniger bekannte für Kenner reizvoll sind. Ein vielfältiges

---

[276] In Nordvorpommern gibt es derzeit ein Heilbad, vier Seeheilbäder, 19 Seebäder und 13 Erholungsorte, die staatlich anerkannt sind. Das angrenzende baltische Ausland gilt ebenfalls als Konkurrenz.

[277] Zeesbootregatta, Tonnenreiten, Strandfest u. v. m.

[278] Faltblatt der Kurverwaltung *Auf den Spuren der Ahrenshooper Malerkolonie*.

[279] Z. B. Ahrenshooper Jazzfest, Ahrenshooper Literaturtage, Theaterwochen, Keramikertreff, Töpfermarkt, Ahrenshooper Filmnächte, Tag des offenen Denkmals, Konzertreihe »Naturklänge«, Sommerfest im Haus *Elisabeth von Eicken*.

[280] *Authentizität* ist ein soziales Konstrukt. Die Bedeutung von Kultur ist dynamisch und damit immer wieder auszuhandeln.

[281] Viele Stammgäste planen ihre Reise nach konkreten Veranstaltungsterminen.

Kulturprogramm soll die *Auch-Kultur-Touristen* und neue Zielgruppen anziehen. Besucher, die aus anderen Motiven angereist sind und erst nach ihrer Ankunft von der Tradition als Künstlerkolonie erfahren haben, sollen vor Ort für diese interessiert werden. Ebenso wenig wie die reine Konzentration auf den Faktor Natur ausreicht, kann jedoch Kultur allein überzeugen. Vielmehr folgen Zielgruppen unterschiedlichen Reisemotiven.[282] Das Künstlerdorf muss zunächst die »Grundbedürfnisse ›Komfort, Kontakt, Aktivität, Unterhaltung und Erlebnis‹ sowie das Hauptmotiv ›Erholung‹ befriedigen. Darüber hinaus muß es dann aber auch auf die zielgruppenspezifischen, individuellen Wünsche eine bestmögliche Antwort bereithalten.«[283] Im *Gästelotsen* der Kurverwaltung heißt es:

> »Wo gibt es das schon: ein Angebot für Körper, Seele und Geist gleichermaßen? Ahrenshoop ist ein Kurort für Individualisten. […] Und das alles auch außerhalb der Hochsaison«.

Die touristische Ausrichtung auf Kultur, Natur und Gesundheit wird hier betont. Dem Ruhe und Distanz zum Massentouristen Suchenden wird die Nebensaison angepriesen, denn mithilfe eines ganzjährig attraktiven Veranstaltungsangebots soll das Verwaisen des Ostseebades außerhalb der Saison verhindert werden. Insofern ist die Vermittlung eines ganzheitlichen Ortsbildes sowohl für die Zufriedenheit von Gästen und Einwohnern als auch für eine positive Mund-zu-Mund-Propaganda und die langfristige Bindung der Zielgruppen wichtig.

Faktoren wie »landestypisches und feriengerechtes Bauen, eine sorgfältige Einbettung in die Natur, das Einbinden lokaler Kunst, Kultur und Traditionen […] und die umweltschonende Bewirtschaftung«[284] werden in Ahrenshoop weitgehend berücksichtigt. Die in den 1990er Jahren und nach 2000 erbauten Hotels, Gaststätten, Ferien- und Ausstellungshäuser orientieren sich an der traditionellen Bauweise und verstärken den »Denkmal-Effekt«. Aufgrund der Ge-staltungssatzung gibt es weder vielstöckige Hotelkomplexe noch Feriencenter. Durch ein differenziertes Hotellerie- und Gastronomieangebot werden alle Preiskategorien, Altersgruppen und Komfortansprüche potentieller Gäste bedient. Einerseits ist der Ort damit, vor allem in der Hauptsaison, offen für alle Touristentypen. Andererseits ist die Orientierung am Kulturtouristen eindeutig.

---

[282] Vgl. Götze, Hans: Konzeption für das Fachsymposium »Künstlerkolonien in Mittel- und Osteuropa«, Nida (Nidden), 15.09. – 18.09.2005, September 2005, S. 1.

[283] Engel 1999, S. 30.

[284] Ebd., S. 18.

Die Auslastung der Aufnahmekapazität des Ortes und seine Beanspruchung durch Touristenströme werden durch verschiedene Maßnahmen gelenkt. Vor allem Bus-, Tages- und Pauschalreisende bedeuten vergleichsweise geringe Einnahmen bei größerer Belastung. Lärm und Staus durch das Verkehrsaufkommen sowie Umweltbeanspruchungen durch Müll und Abgase stehen in keinem Verhältnis zu den Einnahmen für die Gemeinde und die touristischen Dienstleister. Im Jahresbericht 2005 der Kurverwaltung heißt es:

> »Unverändert nachteilig wirkte sich das hohe Verkehrsaufkommen in der Hochsaison aus. Durch das Ausbleiben politischer Gesamtlösungen konnte dem ungewollten Bild des ›Massentourismus‹ im Bereich der Dorfstraße nichts entgegengesetzt werden.«[285]

Eine Tempo-30-Zone im Ortskern, ein Tempomessgerät und Preisdifferenzierungen im Parksystem[286] waren erste Maßnahmen zur Steuerung der Verkehrslage.[287] Daneben hat die Gemeinde den Neubau einer Bahnlinie auf der Halbinsel in ihren Flächennutzungsplan aufgenommen. Auch die Bettenzahl ist seit 1990 auf rund 2.300 beschränkt, so dass das Verhältnis von Einwohnern und Gästen bei maximal 2:3 liegt.[288] Die Bebauung Ahrenshoops ist durch Flächen-

---

[285] Jahresbericht 2005 der Kurverwaltung über die touristische Entwicklung im Ostseebad Ahrenshoop, 2005, S. 2.

[286] Parkplätze an den Ortsrändern sind günstiger als jene im Ortskern.

[287] Die Verkehrsabwicklung an der Küste M-Vs ist durch die Tendenz zu hohem Verkehrsaufkommen, häufigen Ortswechseln und kürzeren, aber häufigeren Reisen problematisch. Die Anbindung der Ostseebäder an großstädtische Ballungszentren, wie Hamburg und Berlin, ist nach wie vor nicht optimal und zieht lange Fahrtzeiten nach sich. Jüngere Bauprojekte, wie die Bundesautobahn A20, sollen die Urlaubsregion schneller und möglichst staufrei anbinden und die Verkehrsströme bündeln. Um die problemlose Erreichbarkeit und die verkehrsmäßige Entlastung Ahrenshoops zu gewährleisten, plädieren die Gemeindeverwaltung und der Tourismusverband Fischland-Darß-Zingst für Alternativen zum automobilen Individualverkehr. Das öffentliche Verkehrssystem ist noch nicht an den Erwartungen an eine flexible Freizeitorganisation ausgerichtet. Neben den vorhandenen Wasserwegen soll vor allem der Schienenverkehr auf der Halbinsel wiederbelebt werden. Das natürliche Potential, auf dem der Erfolg des Tourismus entscheidend beruht, soll nicht gefährdet werden, zumal die unmittelbare Nähe zum Nationalpark Vorpommersche Boddenlandschaft gegeben ist.

[288] Das Bettenverhältnis zwischen Einheimischen und Gästen sollte 1:2 nicht überschreiten, da andernfalls laut Touristikern die Gefahr eines Entfremdungseffekts besteht. Dieser ist jedoch auch von Faktoren wie Infrastruktur, Freizeitangebot u. ä. abhängig. Auf 1.000 Einwohner kamen in M-V in den letzten Jahren durchschnittlich zweieinhalbmal mehr Gäste bzw. dreieinhalbmal mehr Übernachtungen als im Bundesdurchschnitt.

nutzungs- und Bebauungspläne ebenfalls begrenzt. Neben noch unverbauten Freiräumen gibt es auch Ferienhaussiedlungen jüngeren Datums, deren Baustil inklusive Reetdach im Sinne eines historischen Zitats und Schmuckelements architektonische Traditionen aufnimmt. Die Vergangenheit wird verräumlicht, so dass das dörfliche Bild für den Touristen authentisch wirkt.

Auch die Bevölkerung soll sich in der lokalen Identität wiederfinden und die touristische Außenwirkung unterstützen. Aus der Orientierung an kulturell interessierten und zahlungskräftigen Individualreisenden kann sich eine sozioökonomische Ungleichheit zwischen der Zielgruppe und den Einwohnern ergeben. Indem die Mehrheit der Ahrenshooper Zusatzeinnahmen aus der privaten Zimmervermietung hat, werden soziale Spannungen jedoch vermieden.

Das Ostseebad Ahrenshoop präsentiert sich als ein funktional vielfältiges Landschaftsgebiet, in dem mit Blick auf die zielgruppenspezifischen Reisemotive ein differenziertes Sortiment aus Erholungs-, Erlebnis-, Kultur-, Gesundheits- und Naturtourismus offeriert wird. Bestimmte Dienstleistungen werden mit Hinweis auf die Nachbarorte nicht erfüllt, um die Profilschärfe zu bewahren und die Kunst in den Mittelpunkt zu stellen.[289] Durch die Konzentration auf eine zugleich ausgewogene und spezifische Angebotsstruktur wird die Austauschbarkeit mit den umliegenden Bädern umgangen, was vor allem in der Nebensaison einen Wettbewerbsvorteil verschafft. Die touristischen Profile Ahrenshoops, Wustrows und Prerows vervollständigen sich somit gegenseitig und bewirken Synergieeffekte.[290]

5.3.1 Tourismusentwicklung in Zahlen

Gemäß der Statistik der Gemeinde Ahrenshoop gingen die Gästeankünfte 2006 auf 49.496 und die Übernachtungen auf 311.065 zurück. Im Jahr zuvor waren noch 51.228 Ankünfte sowie 369.078 Übernachtungen gezählt worden. Die Daten des Statistischen Landesamtes Mecklenburg-Vorpommern, die nur die gewerbliche Vermietung ab acht Betten berücksichtigen, wiesen hingegen für das Jahr 2006 39.374 Gästeankünfte und 173.682 Übernachtungen aus. Da die meisten Unterkünfte in Ahrenshoop über weniger Betten verfügen, kommt es in diesen Daten zu einer leichten Verfälschung, der grundsätzliche Trend ist jedoch derselbe. Darüber hinaus bezieht das Statistische Landesamt von den

---

[289] Z. B. Golf-, Tennis- und Campingplätze, Bettenburgen, Kino.
[290] Die Kurkarte wird wechselseitig anerkannt und berechtigt zu Ermäßigungen.

305 Betten der Reha-Klinik nur 104 Betten mit einer durchschnittlichen Jahresauslastung von 90 Prozent ein, da die verbleibenden Betten der »Nutzung zur Anschlussheilbehandlung nach einem unmittelbar zuvor stattgefundenen Krankenhausaufenthalt«[291] dienen würden.

Gemeinde	Übernach-tungen 2006	Gäste-ankünfte 2006	Übernach-tungen 2006 Statist. Landesamt	Gästeankünfte 2006 Statist. Landesamt
Ostseebad Ahrenshoop	311.065	49.496	173.682*	39.374*
Ostseebad Dierhagen	432.500	88.224	211.288	48.732
Ostseebad Prerow	736.000	97.000	374.137	59.109
Ostseebad Wustrow	378.106	59.116	321.046	54.768
Ostseeheilbad Zingst	1.317.427	202.078	525.757	93.066
Born a. Darß	97.000	12.000	70.972	13.803
Wieck a. Darß	91.000	13.000	49.586	8.852
Barth	87.580	–	44.400	18.255
Ribnitz-Damgarten	100.827	–	29.636	8.796
Marlow	16.200	3.000	–	–
Ostseeheilbad Graal-Müritz	706.064	103.008	452.371	61.488
Sonstige	52.000	–	–	–
Gesamte Region	4.238.000	> 633.000	2.252.875	406.243

Abb. 22: Statistik der Region 2006
Quelle: Kurverwaltung der Gemeinde Ahrenshoop.

*»Durch die Herausnahme von 201 Gästebetten der Reha-Klinik aus dem ›Angebot‹ verfälscht sich das Ergebnis gravierend (bei ca. 100 Prozent Auslastung von 200 Betten ergeben sich rund 3.400 Gästeankünfte und rund 72.000 gewerbliche Übernachtungen).«

2005 stellte die Gemeinde 2.292 Betten zur Verfügung. Die Auslastung lag bei durchschnittlich 46,7 Prozent. Die durchschnittliche Aufenthaltsdauer betrug 7,2 Tage. Die Spezialisierung auf Kunst- und Kulturtourismus bewirkte eine

---

[291] Vgl. »Betten in Statistik nicht erfasst«, in: OZ, 27.02.2007.

bessere Jahresauslastung als in den benachbarten Seebädern und Erholungsor-
ten. 2005 bildeten die Berliner mit 41.000 Übernachtungen die größte Gäste-
gruppe.[292] Die Werbemaßnahmen des regionalen Tourismusverbands richteten
sich 2006 verstärkt auf den Großraum Hamburg. Dieser ist mit der Fertigstellung der Ostsee-Autobahn A20 besser an die Halbinsel Fischland-Darß-Zingst
angebunden, weshalb sich die Übernachtungszahlen von Hamburger Gästen in
der Region gegenüber 2004 bereits um 30 Prozent steigerten. Auch der Anteil
ausländischer Touristen nahm 2005 zu, fiel jedoch mit 3.028 Übernachtungen
immer noch sehr gering aus.[293]

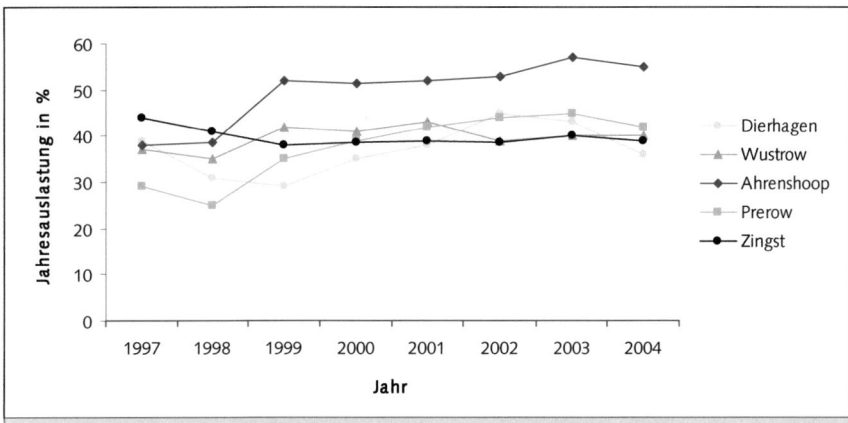

Abb. 23: Kapazitätsauslastung der Ostseebäder auf Fischland-Darß-Zingst 2005 in Prozent
Quelle: Erhebung der Kurverwaltung Ahrenshoop nach Daten des Statistischen Landesamtes
Mecklenburg-Vorpommern.

5.4 Musealisierung und Vermarktung der Künstlerkolonie

Generell umschreibt der Begriff *Musealisierung*, dass Vergangenes aus seinem
früheren Funktionszusammenhang gelöst und isoliert als Anschauungsobjekt
und Zeitzeugnis präsentiert wird. Dadurch erhält es eine symbolische Funktion.[294] Im Fall Ahrenshoops handelt es sich um ein komplettes Dorfensemble,

---

[292] + 22 Prozent gegenüber der Saison 2004 (von April bis Oktober 33.700 Übernachtungen).

[293] Vor allem aus der Schweiz, Österreich und den Niederlanden. Vgl. Jahresbericht 2005 der
Kurverwaltung, S. 1 f.

[294] Overdick, Thomas: Landschaft und Museum. Theoretische Überlegungen zur Musealisierung von Landschaft, Museologie online, Virtual Library Museen, 1. Jg., Hagen 1999, S. 15.

dessen *kulturelles Erbe* konstruiert, institutionalisiert und bewahrt wird. Die Beurteilung der Vergangenheit erfolgt aus der Perspektive der Gegenwart, indem der Status als *kulturelles Erbe* nachträglich zugewiesen und der Eindruck einer gewachsenen, authentischen Tradition vermittelt wird. Die *Musealisierung* entspringt insofern zeitgenössischen Bedürfnissen nach Selbstvergewisserung und Konservierung des Vergangenen.

Ähnlich der Gründungsära der Malerkolonie besteht aufgrund der Erfahrungen von Beschleunigung und globaler Angleichung der Lebens- und Arbeitsformen eine Sehnsucht nach der Unveränderlichkeit ländlicher Räume. Dennoch: »Die Historisierung [...] einer Landschaft kann die Zeit nicht anhalten. Die Veränderung des Seinszustandes, die sich hier vollzieht – [...] von der identitätsstiftenden Handlung zur kommerziell nutzbaren Touristenattraktion, von der agrarwirtschaftlichen Nutzfläche zum Naturschutzgebiet – stellt eine Aktualisierung der jeweiligen Funktion, des Umgangs und der Sinnzuschreibung in unserer heutigen Wirklichkeit dar.«[295] Gerade die Betonung der Vergangenheit und der Funktionsverlust der Kulturelemente in aktuellen Kontexten führen zu einer Enthistorisierung. Es entsteht der Anschein einer zeitlosen Kultur, die – da sie scheinbar immer existierte – keinesfalls verloren gehen darf. Nichtsdestotrotz unterliegen der Ort und seine Identität einem fortwährenden Wandel.

In Ahrenshoop sind Freizeit- und Kulturlandschaft sowie Alltags-, Erlebnis- und Erinnerungsraum miteinander verwoben. Die Arbeits- und Lebenswelt der Einheimischen ist von der Präsenz der Künstlerkolonie-Tradition durchdrungen. Letztere wird zugleich durch touristische Angebote an die Gäste vermittelt und damit Teil ihrer *Ferienkultur*. Doch das *kulturelle Erbe* ist nicht unmittelbar erfahrbar. Es wird aufbereitet, interpretiert und durch den Besucher erlebnishaft und symbolisch angeeignet. Mit der Bewunderung durch die Touristen steigt zugleich unter den Einheimischen das Bewusstsein für die regionale Identität. Nachfolgende Beispiele für die Inszenierung und *Musealisierung* der Vergangenheit als Künstlerkolonie verdeutlichen die gängige Erinnerungspraxis. 1990 gründete sich der *Förderkreis Ahrenshoop e. V.*, dessen Zweck in der Pflege des kunst- und kulturhistorischen Erbes liegt:

> »Der Verein sorgt auf vielfältige Weise dafür, daß dieser besondere Ruf durch Traditionspflege und die Förderung neuer Impulse (...) gerechtfertigt und der Öffentlichkeit bewußt gemacht wird. Hierzu gehören der Erhalt be-

---

[295] Overdick 1999, S. 15.

stehender und Schaffung neuer kultureller Zentren und dauerhafter Ausstellungsmöglichkeiten (…) einschließlich der regionalen Kultur bis zur Gegenwart, sowie der Erhalt des Ortsbildes im Stil der Tradition.«[296]

Bewahren und Vermitteln gehen einher und verknüpfen sich mit der Präsentation zeitgenössischer Kunstentwicklungen. *Förderverein* und Gemeinde verfügen über Kunstsammlungen mit jeweils rund 200 Werken von Vertretern beider Künstlergenerationen, die in nationalen und internationalen Ausstellungen präsentiert werden.[297] Das Regionalarchiv bewahrt die ergänzenden Erinnerungsstücke, Dokumente und Forschungsarbeiten. In Publikationen wird die Periode als Malerkolonie aufgearbeitet und mithilfe von Lesungen und Vorträgen durch Autoren, Kunsthistoriker und Chronisten der Öffentlichkeit nahe gebracht.

Bereits 1951 erfolgte durch das Landesamt für Denkmalpflege die Denkmalserklärung für Ahrenshoop, gemäß welcher alle Veränderungsmaßnahmen des Ortsbildes genehmigungspflichtig waren. Nach 1990 wurde viele Wohnsitze der Kolonisten als Baudenkmäler restauriert und als Ausstellungshäuser weitergeführt.[298] Das gegenwärtige Erscheinungsbild Ahrenshoops ist geprägt durch den verstärkten Aufgriff traditioneller Baustile, die die gewachsene Ortsstruktur imitieren, ohne Teil davon zu sein. Vernachlässigt wird dabei, dass moderne, experimentelle Bauformen – als Beispiele seien die *Bunte Stube* und die Künstler- und Architektenhäuser der beiden Malergenerationen genannt – ebenfalls zur Lokalgeschichte zählen. Eine hohe Qualität und Innovationskraft muss bewahrt werden, um den »Museumseffekt« zu vermeiden. Der Neubau des *Kunstmuseums* könnte in dieser Hinsicht den Anfang machen. Das *kulturelle Erbe* als Teil der *Kultur der Zielregion* wird als Standort-, Wirtschafts- und Entwicklungsfaktor revitalisiert[299], kommerzialisiert und damit in die *Dienstleistungskultur* überführt.[300] Die Eigenheiten und Traditionen des Ortes werden

---

[296] Vereinssatzung. Im April 2004 zählte der Verein 160 Mitglieder.

[297] Vom 06.02. – 22.05.2005 veranstaltete das Goethe-Institut von Atlanta die Ausstellung »Masterpieces from European artist colonies«. Das Ausstellungsplakat zeigte *Dora Koch-Stetters* Ölgemälde »Das rote Haus in Althagen« (1911). Erstmals wurden in den USA 60 Werke von 19 Kolonien aus sechs Ländern gezeigt.

[298] Z. B. *Dünenhaus, Elisabeth von Eicken, Kunstkaten, Dornenhaus.*

[299] »Wiederbelebung alter, nicht mehr gelebter Kulturelemente« durch Anpassung an zeitliche Umstände. Thiem, Marion: Tourismus und kulturelle Identität, in: Bundeszentrale für politische Bildung: Aus Politik und Zeitgeschichte, Nr. 47, Bonn 2001, S. 29.

[300] Die Gemeinde investiert jährlich 20 Prozent ihres Haushalts in die Kunst- und Kulturentwicklung; vgl. Creutzburg / Gröschner / Rensch 2004, S. 153.

herausgestellt, um einen Wettbewerbsvorteil im touristischen Konkurrenzkampf zu erlangen. Ohne die Orientierung am Fremdenverkehr wäre weder das große Kunst- und Kulturangebot in Ahrenshoop möglich, noch könnten diesem genügend Besucher zugeführt werden. Unter den 850 Einwohnern sind derzeit 23 Künstler und Kunsthandwerker verschiedener Sparten. Weit mehr Personen sind in den Ausstellungshäusern tätig; Präsentation und Verkauf von Kunstwerken stehen mittlerweile im Vordergrund. Die Wirtschaft wird damit »das zentrale Referenzsystem der Kultur«[301].

Gemeinsam pflegen kommunale und private Träger durch Kooperationen[302], Absprachen und gemeinsame Veranstaltungen das Ambiente eines Künstlerortes. Die Identifikation aller mit dem kulturtouristischen Profil ist wichtig, um ihre Interessen entsprechend zu kombinieren, das Image Ahrenshoops einheitlich zu gestalten und als Ganzheit wahrgenommen zu werden. Um dies optimal zu erreichen, streben Gemeindevertretung, Kurverwaltung, regionaler Tourismusverband, Förderkreis, öffentliche und private Kulturinstitutionen sowie touristische Dienstleister eine lokale und regionale Zusammenarbeit an. Zwischen den Kulturveranstaltern Ahrenshoops sowie mit den benachbarten Kommunen werden kulturelle Aktivitäten und regionaltypische Veranstaltungen zeitlich abgestimmt und verknüpft, um Doppelungen und schädigende Konkurrenzsituationen zu vermeiden.

Auch überregional und international werden Vernetzungen unterhalten, vor allem mit anderen Künstlerkolonien. Insbesondere die jährliche *Kunstauktion*, die Künstlerkolonien-Vereinigung *EuroART*, die Land-Art-Ausstellung *Im Wind*[303], die *Lange Nacht der Kunst* und die Reihe *KUNST : OFFEN*[304] haben

---

[301] Wöhler, Karlheinz: Kultur oder Kult-Tour? Zur touristischen Kulturalisierung von Räumen. Materialien zur angewandten Tourismuswissenschaft 35, Lüneburg 2001, S. 12.

[302] Die Kulturschaffenden kooperieren dauerhaft oder projektbezogen hinsichtlich der Verteilung von Werbe- und Arbeitsmaterialien, Räumlichkeiten, Personal- und Technikausstattung sowie Informations- und Marketingaufgaben. Synergieeffekte und Kostensenkungen sind die Vorteile.

[303] Alle zwei Jahre werden auf den Boddenwiesen Skulpturen und Objekte ausgestellt, die »Wind« als Thema und Element aufgreifen. Die Künstler gebrauchen die Natur als Material, stellen eine Verbindung zwischen Natur und Kunst her und verändern damit die Landschaft.

[304] Seit 1995 präsentieren Künstler und Kunsthandwerker am Pfingstwochenende ihre Werkstätten und öffnen Ausstellungshäuser, Ateliers, Museen und Galerien. Seit 2001 beteiligt sich die Halbinsel Fischland-Darß-Zingst und damit Ahrenshoop. Blauweiße Fahnen und eine Broschüre inkl. Landkarte signalisieren offene Kunsthäuser.

eine überregionale Ausstrahlung und sind Initiativen, die das Image des Ortes sehr gut transportieren, Teilhabe ermöglichen sowie traditionelle und zeitgenössische Kunsttendenzen verbinden. Im Zuge der »Umwandlung von Kultur in ein enträumlichtes und / oder entzeitlichtes ›kulturelles Ereignis‹«[305] wird die kulturelle Vergangenheit und Gegenwart Ahrenshoops durch ihre Inszenierung konsumierbar und befriedigt das Erlebnisbedürfnis der Touristen.

Mithilfe von Messeauftritten, Homepages, Büchern, Videos[306], Flyern[307], Veranstaltungsplanern, Postkarten, Anzeigen u. v. m. präsentiert sich Ahrenshoop multimedial und auf lokaler, regionaler und überregionaler Ebene als ein Künstlerort. Auch Pressemitteilungen und die Betreuung von Reisejournalisten sowie Film- und Fernsehteams sind wichtige Marketingfaktoren, um die Medienpräsenz möglichst wirkungsvoll zu gestalten. Neben persönlichen Empfehlungen produzieren diese Maßnahmen Vorstellungsbilder und Erwartungen der Touristen an Ahrenshoop, deren Erfüllung angestrebt wird.

Folgende Beispiele verdeutlichen die Vermarktungsstrategien, mit denen das Image eines Künstlerortes mit Künstlerkolonie-Historie vermittelt werden soll. Aus ihnen ergeben sich gleichzeitige Modernisierungs-, Bewahrungs- und Revitalisierungstendenzen. Die Wege am Hohen Ufer sind nach Vertretern der ersten und zweiten Künstlergeneration benannt. Das *Künstlerhaus Lukas* vergibt Studienaufenthalte an Stipendiaten aller Kunstsparten, deren Werke monatlich beim »Tag der offenen Tür« der Öffentlichkeit präsentiert werden. Das Hotel *Fischerwiege* mit dem *Dünenhaus* als ehemaligem Sitz von *Wachenhusens* Malschule und *Bechers* Feriensitz zeigt seit 1994 / 95 Werke der ersten Malergeneration. Vor allem die hochwertige Hotellerie und Gastronomie hat sich auf die kunstinteressierte Klientel eingestellt und wirbt auf Homepages und in Prospekten mit dem Status als Künstlerort.[308] 1997 wurde das Haus *Elisabeth von Eicken* restauriert und als Hotel mit Restaurant und Galerie für zeitgenössische Kunst eröffnet. Die sechs Hotelzimmer wurden individuell von Künstlern gestal-

---

[305] Wöhler 2001, S. 5.

[306] Das Video »Ahrenshoop – Ein Dorf im Zeichen der Maler« erreichte 2003 auf der ITB beim internationalen Städtefilm-Wettbewerb den Ersten Platz.

[307] Ortsführer *Gästelotse*, *Ahrenshoop'er Kunstspuren. Eine Wanderung auf den Spuren der Ahrenshooper Malerkolonie*, monatlicher Veranstaltungsplan *Ahrenshoop'er Termine*, halbjährlicher Ausstellungskalender *Kunst zwischen Meer und Bodden*.

[308] Die privaten Unterkünfte sind hingegen außerhalb der Hochsaison schlecht ausgelastet, da sie kaum mit wetterunabhängigen Freizeitmöglichkeiten werben.

tet. Im Gästehaus der *Strandhalle* erhalten Mal-, Studien- und Künstlergruppen bevorzugt verbilligte Unterkünfte. Diese Kunsttouristen revitalisieren die Vorstellung von einer Künstlerkolonie. Die *Bunte Stube* verkauft Kunsthandwerk, Regional- und Kunstliteratur, Reiseführer, Bildbände u. v. m. und stellt im Kunstkabinett Bilder aus. Postkarten bilden bis heute die traditionellen Motive der ersten Malergenerationen ab. Seit 2005 kooperiert Ahrenshoop mit den norddeutschen Kolonien Schwaan und Hiddensee. Gemeinsam wurde eine Postkarten-Trilogie entworfen, mit der die Künstlerorte Einheit demonstrieren und sich mit der Abbildung typischer Ortsmotive gegenseitig bewerben. Auch eine gemeinsame Eintrittskarte mit Hinweis auf die anderen Kolonien ist Teil der Zusammenarbeit. Das Informationsmaterial der Kurverwaltung greift die Dorfgeschichte explizit auf. Werbetexte des *Gästelotsen*, wie »Die Kunst zu genießen« und »Die Kunst, sich zu vergnügen«, spielen auf die Vergangenheit als Malerkolonie an.

Insbesondere der *Kunstkaten*, die *Kunstauktion*, das *Kunstmuseum* und die Vereinigung *Euro-Art* veranschaulichen die Strategien der Musealisierung und Kommerzialisierung.

5.4.1 Der Kunstkaten

Seit 1993 befindet sich der *Kunstkaten* als Eigenbetrieb im Besitz der Gemeinde.[309] Mit der Präsentation von Sammlungen, Nachlässen und Retrospektiven von Vertretern der ersten und zweiten Künstlergeneration widmet sich das älteste Ausstellungshaus des Seebades der Aufarbeitung und Pflege der lokalen Kunstgeschichte. Die Vergangenheit als Kolonie wird der Öffentlichkeit an einem authentischen Ort vermittelt. So stellte das Haus 1999 anlässlich des 90. Jubiläums die Eröffnungsausstellung von 1909 nach. Daneben finden Ausstellungen zeitgenössischer Maler und Malgäste[310] statt, die die Küstenlandschaft thematisch in ihren Werken aufgreifen. Verkaufsausstellungen fester Künstler der Galerie greifen den traditionell verankerten Kunsthandel auf. Begleitende Publikationen und kulturelle Veranstaltungen ergänzen das Programm. Sechs bis sieben Ausstellungen mit 15.000 Besuchern jährlich bestätigen die Bekanntheit und Bedeutung des Hauses. Der *Kunstkaten* als Teil der touristischen Infra-

---

[309] 2001 fanden umfassende Restaurierungs- und Erweiterungsmaßnahmen statt.

[310] Mit der Reihe *Ahrenshooper Malgast* knüpft das Haus mit zeitgenössischen, Ahrenshoop verbundenen Künstlern an das traditionelle Konzept an.

struktur und wichtiger Imagefaktor Ahrenshoops mit einer überregionalen Ausstrahlung[311] verknüpft die Elemente der *Musealisierung* und der *Vermarktung* der Künstlerkolonie-Historie.

5.4.2 Die Ahrenshooper Kunstauktion

Mit der *23. Ahrenshooper Kunstauktion* wurde 1997 die Tradition der *Ahrenshooper Grafikauktionen*[312] fortgesetzt. Seither kommen an jedem ersten Augustsamstag eines Jahres Kunstliebhaber aus ganz Deutschland und Europa in der Ahrenshooper *Strandhalle* zusammen. Mit dem Neubeginn ging eine konzeptionelle und organisatorische Umorientierung einher. Heute werden Kunstwerke von Ahrenshooper Künstlern und Sommergästen der vergangenen Epochen sowie von Vertretern der Schwaaner Künstlerkolonie versteigert. Neben dem Kunstverkauf stehen die Traditionspflege und die Kunstvermittlung im Vordergrund.[313]

Ahrenshoop hat sich mit der Auktion einen Kunstmarkt geschaffen, der von einem nationalen und internationalen Stammpublikum aus Sammlern profitiert. Durch den Verkauf künstlerischer Artefakte wird das *kulturelle Erbe* einer spezifischen Kunstöffentlichkeit zugänglich gemacht. Neben privaten Kunstliebhabern sollen auch Museen kunsthistorisch besonders wertvolle Arbeiten ersteigern. Jeden Sommer können hundert vorrangig aus privatem Besitz stammende Bilder, Skulpturen, Zeichnungen, Grafiken sowie ein »Kleines Kabinett«[314] im *Kunstkaten*, in der *Strandhalle* und in der Berliner *Galerie am Savignyplatz* vorbesichtigt werden. Neben Arbeiten der Ahrenshooper und Schwaaner Künstlergenerationen und ihrer Gäste sowie Werken mit Regionalbezug werden Bilder aus anderen Künstlerkolonien und von Vertretern der klassischen Moderne angeboten. Ein originalgrafisches, limitiertes und signiertes Ausstellungsplakat, ein Katalog, Einladungen und eine Homepage inklusive Künstlerliste informieren Interessenten über das Auktionsangebot. Schriftliche, telefonische und Online-Gebote nicht anwesender Mitbieter sind möglich. 2007 veranstaltete die *Ahrenshooper Kunstauktionen GmbH* für rund 400 Gäste und Bieter die *33. Kunstauktion*. Ein Großteil der 140 Gemälde, Zeichnungen, Grafiken und Plaka-

---

[311] Der *Kunstkaten* ist ein beliebtes Motiv für Postkarten, Broschüren und Reiseführer.

[312] Seit 1971 fanden die *Ahrenshooper Grafikauktionen* statt.

[313] Vgl. Statut in der Satzung der Auktionsgesellschaft.

[314] 40 kleinformatige Grafiken, Aquarelle, Zeichnungen u. ä.

te von 92 Künstlern wurde für insgesamt rund 300.000 Euro[315] versteigert. Auch Arbeiten von Vertretern anderer Kolonien wurden mit zunehmendem Erfolg verkauft. Daneben sollen moderne Kunstrichtungen zukünftig verstärkt einbezogen werden.

5.4.3 Das Kunstmuseum Ahrenshoop

Am 16. April 2005 gründete sich unter dem Vorsitz von *Guenter Roese* der *Verein der Freunde und Förderer des Kunstmuseums Ahrenshoop e. V.*, der derzeit etwa 160 Mitglieder[316] umfasst. Am 1. April 2008 wurde der Status der *Stiftung Kunstmuseum Ahrenshoop* als gemeinnützige Körperschaft anerkannt.

Entstehen soll im Ortsteil Althagen an der Ecke Althäger Straße / Weg zum Hohen Ufer ein *Kunstmuseum* »mit überregionaler Ausstrahlung, in dem Arbeiten von den Gründern der Künstlerkolonie und ihrer Nachfolger erstmals und dauerhaft präsentiert werden können. [...] Zugleich soll damit die Entwicklung Ahrenshoops als lebendiger Künstlerort wissenschaftlich aufgearbeitet und eine Plattform für Ausstellungen zeitgenössischer Kunst geschaffen werden.«[317]

Auf rund 800 Quadratmetern Ausstellungsfläche sollen rund 300 bislang selten gezeigte Gemälde und ausgewählte grafische Arbeiten der Gemeinde und des Förderkreises Ahrenshoop gezeigt werden. Private Sammler, Künstler und Nachlassverwalter stiften weitere Werke. Darüber hinaus soll das Haus als Stätte zur wissenschaftlichen Aufarbeitung der Geschichte der Ahrenshooper Kolonie genutzt werden. Die Forschungsergebnisse, Sammlungen und Dokumente werden erstmals zusammengeführt und der Öffentlichkeit voraussichtlich ab 2012 zugänglich gemacht.

Ziel ist es, ein »Ausstellungs-, Begegnungs- und Forschungszentrum des Künstlerortes und eine *landmark* der Region« zu schaffen. Förderkreis, Gemeinde und Privatstifter haben eine privatrechtliche Stiftung[318] gebildet, um zusätzlich zu den Mitgliedsbeiträgen, Spenden und Stifterzusagen[319] einen Eigenanteil

---

[315] 2006 waren es etwa 260.000 Euro.

[316] Stand: April 2007.

[317] http://www.kunstmuseum-ahrenshoop.de.

[318] Die Organisation als Private-Public-Partnership stellt bislang eine Ausnahme in der Region dar und ist damit in Zeiten knapper öffentlicher Haushaltsmittel vorbildhaft.

[319] Bei der *32. Ahrenshooper Kunstauktion* ersteigerte die Hannoversche Stiftung Fama das Ölbild »Gruppe Stehender« von *Kathe Diehn-Bitt* und *Carl Malchins* »Zeesenwerft am Saaler Bodden«, die sie dem Museum überlassen will.

an Mitteln für das Museum bereitzustellen. Neben dem *Kunstkaten* wird es dann eine weitere Institution geben, die sich der kunsthistorischen Aufarbeitung der Ortsgeschichte, der Bewahrung und Vermittlung kultureller und kunsthistorischer Traditionen sowie der Präsentation zeitgenössischer Strömungen widmet.

2005	**Gründungsphase** Gründung Verein der Freunde und Förderer e.V. Standorterklärung Kunstmuseum Ahrenshoop
2006/07	**Planungsphase** konzeptionelle Ziele Museumsbetrieb inhaltliche Ziele / Sammlungskonzept Entwurfsideen Baukörper Investitions- und Betriebsplanung Trägerschaft des Museums
2008/09	**Realisierungsphase I** Gründung der Stiftung Kunstmuseum Ahrenshoop Übernahme des Baugrundstücks Errichtung einer temporären Infobox Architektenwettbewerb
2010–12	**Realisierungsphase II** Bau und Inbetriebnahme des Museums

Abb. 24: Zeitplan für den Neubau des Ahrenshooper Kunstmuseums
Quelle: http://www.kunstkaten-ahrenshoop.de/5.html.

5.4.4 EuroART

Unter der Schirmherrschaft des Europäischen Parlaments und der Europäischen Kommission wurde 1994 eine Vereinigung mit Sitz in Brüssel gebildet, die ein europaweites Netzwerk von Künstlerkolonien und -orten etablieren sollte. Im September 1993 war die Unterzeichnung des »Manifest de Barbizon« durch fünf Künstlerkolonien[320] vorangegangen, um die Schaffung der *Vereinigung europäischer Künstlerkolonien* (EuroART) vorzubereiten. Ahrenshoop war eines der Gründungsmitglieder. Derzeit umfasst *EuroART* 46 Organisationen, 24

---

[320] Ahrenshoop, Barbizon, Tervuren, Kronberg, Worpswede.

assoziierte Mitglieder und einige Einzelmitglieder aus 21 europäischen Ländern.[321]

Ziel der Gemeinschaft ist es, »diese europäischen Verbindungen und Wechselwirkungen zwischen den Künstlerorten wieder zu beleben und zu intensivieren, damit [sie] auch morgen noch lebendige und aktive Zentren und Keimzellen für intellektuelle, künstlerische Aktivitäten bleiben [...] und eine dynamische Rolle innerhalb Europas spielen, indem sie künstlerische Kreativität stimulieren, initiieren und Austausch organisieren.«[322] Durch die Vereinigung wird dem Verlangen nach Gemeinschaft, Austausch und wechselseitiger Anregung, das schon die früheren Kolonisten antrieb, auch in der Gegenwart wieder Rechnung getragen. *EuroART* ist damit beispielhaft für den Versuch, über den regionalen und nationalen Rahmen hinaus mit anderen Künstlerorten zu kommunizieren und zu kooperieren, gemeinsam kulturelle und kulturtouristische Ziele zu realisieren und sich gegenseitig zu bewerben. Die thematischen und strukturellen Gemeinsamkeiten werden grenzüberschreitend ausgelotet, um von orts- und länderspezifischen Erfahrungen zu profitieren. Die Geschichte der Künstlerkolonien wird in bi- und trilateralen Ausstellungen[323], Projekten und Tagungen aufgearbeitet, gepflegt und der Öffentlichkeit präsentiert. In der so genannten »Mas-terclass« treffen sich zeitgenössische Künstler aus den Kolonien, um sich eine Woche lang auszutauschen, gemeinsam zu arbeiten und auszustellen. Auch ein Preis zur Förderung der zeitgenössischen Kunst ist in Planung. »Die Beziehungen der Künstlerorte werden kontinuierlich weiter ausgebaut, sie aktivieren das Erbe, befördern die gegenwärtige Kunstszene und tragen über Kooperationen, Stipendien, Austausche zur internationalen Vernetzung bei.«[324] Neben Flyern wirbt das mehrsprachige Internetportal inklusive einer an Reiseveranstalter und Kulturtouristen gerichteten Ausstellungs- und Veranstaltungsdatenbank für die europäischen Künstlerdörfer.

---

[321] Stand: Juni 2007.

[322] http://www.euroartcities.eu/fileadmin/eu/PDF/EuroART_german.pdf.

[323] Z. B. »Künstlerkolonien in Europa. Im Zeichen der Ebene und des Himmels«, Germanisches Nationalmuseum Nürnberg, 15.11.2001 – 17.02.2002; »Van Barbizon tot Laren. Kunstenaarskolonies in Europa«, Singer Museum Laren, 10.03. – 09.06.2002; »Masterpieces from European artist colonies 1830 – 1930«, Oglethorpe University Museum of Art, Atlanta, 06.02. – 22.05.2005; »Domburg – Nida / Nidden – Ahrenshoop. ›Farbe und Sonne!‹ Künstlerkolonien am Meer«, Kunstkaten Ahrenshoop, 14.10.2007 – 06.01.2008.

[324] Götze, September 2005, S. 1.

DIE ZIELE VON EUROART

I. Pflege, Erhaltung und Verbreitung des gemeinsamen europäischen Kulturerbes der Künstlerkolonien.

II. die Schaffung eines europäischen Kulturbewusstseins und die Förderung der künstlerischen Traditionen der Künstlerkolonien.

III. die Förderung zeitgenössischer Künstler.

IV. die Förderung der Zusammenarbeit zwischen den Mitgliedern und ihren Künstlern sowie die Entwicklung eines europäischen Netzwerkes der Künstlerkolonien, Künstlerdörfer und Künstlerorte und ihrer Künstler.

V. die Schaffung einer europäischen Straße der Künstlerkolonien und Künstlerorte.

VI. die Förderung des Kulturtourismus der Künstlerkolonien und Künstlerorte in Europa.

VII. internationale Kooperation (USA, Kanada, Japan, Lateinamerika etc.).

Durch die Beiräte »Kulturelles Erbe«, »Zeitgenössische Kunst« und »Qualitativer Tourismus und Kunst« sowie den Ausschuss der Bürgermeister europäischer Künstlerorte, den Ausstellungsausschuss, die Arbeitsgruppen »Kunst und Umwelt« sowie »Künstleraustausch, Stipendien, Künstlerstiftungen, Künstlerhäuser« und die AG »Kulturelle Städtepartnerschaften« sollen die Zielsetzungen erreicht werden.[325]

Ahrenshoop war im Oktober 2003 Gastgeber der Generalversammlung von *EuroART*, in deren Folge zahlreiche Kunst- und Kulturreisende aus den europäischen Kolonien die Gemeinde besuchten. Eine als themengebundenes Komplettangebot angelegte Reiseroute entlang der Künstlerkolonie-Standorte soll ins Leben gerufen werden. Zunächst wird die niederländische Künstlerkolonie Domburg mit dem niedersächsischen Worpswede und den drei in Mecklenburg-Vorpommern gelegenen Künstlerorten Schwaan, Ahrenshoop und Hiddensee eine solche Verbindung eingehen. Für die Alpenregion ist eine ähnliche Initiative geplant.[326]

---

[325] Vgl. http://www.euroartcities.eu/fileadmin/eu/PDF/EuroART_german.pdf.

[326] Neue Route soll europäische Künstlerkolonien miteinander verbinden, in: OZ, 14.03.2007.

6. Schlussbetrachtung

Seit Ende des 18. Jahrhunderts entwickelten sich in den deutschen Küstenregionen Fremdenverkehr und Bäderwesen. Die kulturelle Praxis des Reisens diente einerseits der Teilhabe an den Werten und Lebensweisen der adligen und bürgerlichen Gesellschaftseliten und zugleich als Mittel sozialer und räumlicher Distinktion gegenüber sozial niedriger gestellten Bevölkerungsschichten.

Mit dem Erstarken der städtisch-bürgerlichen Kultur im 19. Jahrhundert wurde das Bürgertum die soziale Trägerschicht der strukturellen Wandlungs- und Modernisierungsprozesse der Technisierung, Verwissenschaftlichung, Urbanisierung und Individualisierung. Das Verlangen der Städter, der Dynamik und den Zwängen der modernen Lebenswelt zu entfliehen, führte zu einer Idealisierung ländlicher Regionen, denen der Status von Erholungsräumen zugewiesen wurde. Nachdem Arbeits- und Familienleben im Verlauf der Industrialisierung räumlich und soziostrukturell getrennt worden waren, fanden sie in der familiären Privatsphäre der Urlaubsreise wieder zusammen. Die Landaufenthalte ermöglichten die Illusion von Freiheit und gleichzeitiger Überschaubarkeit. Die Rückkehr in die Sicherheit und den Komfort des städtischen Alltags war hierfür jedoch unabdingbar.[327] Fortschrittsglaube und Verklärung der durch den ländlichen Raum symbolisierten vorindustriellen Zeit waren insofern ambivalente Tendenzen der Moderne.

Die Teilhabe an Konsum, Freizeit und Reisen wandelte sich in den ersten Jahrzehnten des 20. Jahrhunderts vom Privileg adliger und bürgerlicher Gesellschaftseliten zum sozialen Bedürfnis und wurde in den 1950er Jahren schließlich zum Massenphänomen. Faktoren wie wachsende Einkommen, vermehrter Urlaub, erhöhte Mobilität und Sicherheit sowie die Ausbreitung von Massenmedien und Werbung ermöglichten die Anerkennung von Freizeit als Eigenwert und Reisen als Selbstzweck. Mit der sozialen Konstruktion und Ausbreitung touristischer Räume, der Durchsetzung der Massenkultur und der Demokratisierung des Tourismus entstand eine professionalisierte Reise- und Freizeitindustrie. Heute ist der Urlaub als System von Regeln, Symbolen und Verhaltensmustern in Deutschland kulturell fest verankert.

---

[327] Vgl. Spode, Hasso: Prolegomena zu einer historischen Anthropologie des Tourismus, in: Cantauw, Christiane: Arbeit, Freizeit, Reisen. Die feinen Unterschiede im Alltag, Münster 1995, S. 112.

Zugleich war die wachsende Autonomie und Individualität des modernen Künstlers im letzten Drittel des 19. Jahrhunderts grundlegend für die zunehmende Ablehnung der traditionalistischen Akademie- und Ateliermalerei. Der Einfluss der französischen und englischen Landschaftsmalerei, Studienreisen in europäische Nachbarländer und der internationale Austausch zwischen den Malerkollegen förderten auch in Deutschland die Wandlung des Naturverständnisses und die Entwicklung moderner Kunststile unabhängig vom vorherrschenden Kunstbegriff und -geschmack. Die Emanzipation des Künstlers und die Umdeutung der Natur ermöglichten die Freiluftmalerei und damit die Gründung von Künstlerkolonien und -gemeinschaften als innovative Lebens- und Schaffensmodelle.

Dass die Entstehung von Künstlerkolonien und touristischen Zentren parallel verlief, sich gegenseitig bedingte und eng mit der Bedeutungsaufladung des ländlichen Raumes zusammenhing, verdeutlicht die Entwicklung des Küstendorfes Ahrenshoop zur Künstlerkolonie und zum Ostseebad. Da städtische Reisende und Landschaftsmaler nach ländlichen Erholungs- und Schaffensräumen suchten, bedurfte es dort eines entsprechenden Unterkunfts- und Verpflegungsangebots. Jedoch erst der Ausbau des Eisenbahnnetzes und die Verbreitung der Dampfschifffahrt machten die deutsche Ostseeküste bereisbar. Das abgelegene Ahrenshoop war gerade aufgrund seiner vergleichsweise späten Erschließung für den Autoverkehr mühsam zu erreichen und damit ein ideales Refugium abseits der städtischen Zentren. Mit der durch die Ansiedlung der ersten Landschaftsmaler bewirkten Entfaltung einer touristischen und kulturellen Infrastruktur wurde das Schiffer- und Fischerdorf für eine bürgerliche Klientel attraktiv, was die weitere Modernisierung und wachsende Bekanntheit Ahrenshoops förderte. Das erhöhte Gästeaufkommen zog Investitionen und die Verstädterung des Ortsbildes nach sich.

Auch die Maler, Literaten und Publizisten, ihre Anwesenheit und ihre Werke, beeinflussten den Fremdenverkehr, indem sie den Bekanntheitsgrad Ahrenshoops erhöhten und die stereotypen Vorstellungen und Erwartungen der Gäste an den Ort prägten. Die Romantisierung des ländlichen Raumes bezog sich auch auf seine Bevölkerung. Die Künstler sahen die Ahrenshooper aus einer städtischen Perspektive vielmehr als in Einklang mit ihrer Umgebung lebende Naturmenschen statt als gleichberechtigte Individuen. Dieses Verständnis kam im Aufgriff der Landbevölkerung als Bildmotiv und in der künstlerischen Darstellung der ländlichen Lebensweise zum Ausdruck. Spannungen und Distinktionsbemühungen waren eine Folge der zwiespältigen Beziehung zwischen Einheimischen und Künstlern. Die Entdeckung und Konstruktion Ahrenshoops als Künstlerkolonie wirkte wie ein Katalysator auf den touristischen Ausbau des Ortes. Diese Entwicklung erwies sich für die Landschaftsmaler jedoch als ambivalent. Einerseits fiel es ihnen trotz der Aufrechterhaltung des städtischen Lebensmittelpunktes schwer, in Ahrenshoop auf gewohnte Komfortstandards und zusätzliche Einnahmen durch Privatvermietung und Bildverkäufe zu verzichten. Andererseits zerstörte ihr starkes Engagement für die infrastrukturelle Erschließung und kulturelle Belebung die einst beschworene Idylle und Ruhe, weshalb sie sich zunehmend für den Fortbestand der regionalen Architektur und Lebensweise einsetzten.

Die sozioökonomischen und soziokulturellen Wandlungsprozesse der ländlichen Region wurden durch ihre Touristifizierung sowie vorangegangene und sie begleitende Industrialisierungs-, Technisierungs- und Urbanisierungsprozesse mitbestimmt. Der Ausbau der touristischen Infrastruktur prägte das Landschaftsbild Ahrenshoops und das Lebensumfeld der Bewohner enorm. Die Strukturierung ihres Arbeitsalltags durch Dienstleistungstätigkeiten im touristischen Wirtschaftszweig ersetzte die Familienwirtschaft und die existenzielle Abhängigkeit von den Naturzyklen. Indem der Lebens- und Arbeitsraum der Bevölkerung mit dem touristischen Freizeit- und Erlebnisraum verschmolz, veränderte sich die Berufs- und Sozialstruktur. Diese Wandlungsprozesse veränderten die kulturelle Identität des früheren Fischer- und Schifferdorfes nachhaltig. Die Einheimischen orientierten sich aus wirtschaftlichen Motiven aktiv am selektiven touristischen Blick auf ihre Heimat, was sich auch in der öffentlichen Selbstdarstellung der Gemeinde widerspiegelte.

Mit Ausbruch des Ersten Weltkriegs zog es die Vertreter der ersten Malergeneration in die Großstädte zurück; die Blütezeit der realistischen Landschaftsmalerei war vorüber. Ihnen folgten Künstler, Rundfunk- und Filmschaffende sowie Vertreter der DDR-Intelligenz, die ebenfalls die Außenwahrnehmung Ahrenshoops als Künstlerort prägten. Mit der wachsenden Demokratisierung des Reisens und der Etablierung des Massentourismus setzte sich die Professionalisierung der Einheimischen fort. Kunst und Kultur wurden in die sich entwickelnde Dienstleistungskultur integriert.

Inzwischen umfasst die Urlaubsindustrie weltweit immer mehr Destinationen, deren Erscheinungsbilder sich zunehmend angleichen. Aufgrund der Konkurrenz- und Preiskämpfe unter Tourismusgebieten und Reiseveranstaltern, die Flug- und Pauschalreisen für jedermann erschwinglich machen, sind ein unverwechselbares Profil und eine zielgruppengerechte Ansprache inzwischen enorm wichtig. Die Region Nordvorpommern, zu der Ahrenshoop zählt, ist eines der touristischen Schwerpunktgebiete Mecklenburg-Vorpommerns. Der Fremdenverkehr hat nach wie vor eine herausgehobene sozioökonomische Bedeutung; ein Großteil der Bevölkerung Ahrenshoops ist in touristischen und tourismusnahen Branchen beschäftigt. Das Ostseebad hat die Bedeutung seines kunst- und kulturhistorischen Erbes als schützenswerten Wirtschafts-, Standort- und Imagefaktor zur Positionierung am Tourismusmarkt erkannt und sich nach der Deutschen Wiedervereinigung auf die Vergangenheit als Künstlerkolonie besonnen.

Die Bereiche Kultur und Tourismus erhöhen im Künstlerort Ahrenshoop ihre Erfolgschancen, indem sie sich wechselseitig Besucher zuführen. Die Prozesse der Musealisierung und Vermarktung der Vergangenheit prägen – gemäß den Bedürfnissen der Gäste und der Einheimischen nach einer »authentischen« kulturellen Identität – die touristische Orientierung im Allgemeinen und das Erscheinungsbild sowie die Angebotsstruktur des Ortes im Besonderen. Die kulturtouristische Profilierung Ahrenshoops bedeutet auch eine Konservierung und Vermarktung des historischen Erbes durch die ökonomisch orientierte Dienstleistungskultur. Eine Reduktion auf publikumswirksame Aspekte der Vergangenheit geht damit einher. Dabei darf nicht vernachlässigt werden, dass die kulturelle Identität der Zielregion einem steten Wandel unterliegt und eine Verbindung von Tradition und Innovation angestrebt werden sollte.

ABKÜRZUNGSVERZEICHNIS

AWIS	Arbeitsgemeinschaft für Wirtschafts- und Strukturprogramme
BDV	Bund Deutscher Verkehrs-Vereine
BRD	Bundesrepublik Deutschland
DBV	Allgemeiner Deutscher Bäderverband
DDR	Deutsche Demokratische Republik
DER	Deutsches Reisebüro
DTV	Deutscher Tourismusverband e.V.
ETI	Europäisches Tourismus Institut
EuroART	Vereinigung europäischer Künstlerkolonien
FDGB	Freier Deutscher Gewerkschaftsbund
FDJ	Freie Deutsche Jugend
F.U.R.	Forschungsgemeinschaft Urlaub und Reisen e.V.
ITB	Internationale Tourismus-Börse
KdF	Kraft durch Freude
M-V	Mecklenburg-Vorpommern
ND	Neues Deutschland
OHG	Offene Handelsgesellschaft
OZ	Ostsee-Zeitung
RA	Reiseanalyse
SMAD	Sowjetische Militäradministration
VDO	Verband Deutscher Ostseebäder

Herzlichen Dank an Guenter Roese, Prof. Dr. Hannes Siegrist, Hans Götze (Bürgermeister der Gemeinde Ahrenshoop), Hartmut Schmidt (Kurdirektor der Kurverwaltung Ahrenshoop), Birgit Barth (Regionalarchiv Fischland-Darß-Zingst), Rita Beu (Außenstelle Ribnitz-Damgarten des Kreisarchivs Nordvorpommern), das Stadtarchiv Ribnitz-Damgarten, Maren Held, Thomas Ottich, Rebecca Wahner, Hannsjörg Loch, Marcel Mandt und Markus Korn.

LITERATUR- UND QUELLENVERZEICHNIS

MONOGRAFIEN UND SAMMELBÄNDE

BECHER, Ursula A. J. (1990): Geschichte des modernen Lebensstils. Essen – Wohnen – Freizeit – Reisen, München.

BECKER, Christoph / STEINECKE, Albrecht (1993): Kulturtourismus in Europa: Wachstum ohne Grenzen?, ETI-Studien, Band 2, Trier.

BERGMANN, Heiko (2005): Strandkorb, Bäderdampfer und Feriendienst. Die Geschichte des Bädertourismus in Mecklenburg-Vorpommern, Ueckermünde.

BERKTOLD-FACKLER, Franz / KRUMBHOLZ, Hans (1997): Reisen in Deutschland. Eine kleine Tourismusgeschichte, München, Wien.

BOHN, Barbara / BOMBOR, Vera / KARGE, Wolf (1990): Ahrenshoop. Eine Künstlerkolonie an der Ostsee, Fischerhude.

BOURDIEU, Pierre (2001): Die feinen Unterschiede. Kritik der gesellschaftlichen Urteilskraft, 1. Auflage (Nachdr.), Frankfurt / Main.

CANTAUW, Christiane (1994): Arbeit, Freizeit, Reisen. Die feinen Unterschiede im Alltag, Münster, New York.

CORBIN, Alain (1990): Das Abendland und die Entdeckung der Küste 1750 – 1840, Berlin.

CREUTZBURG, Gerlinde / GRÖSCHNER, Annett / RENSCH, Inga (2004): Kunststück Ahrenshoop, Rostock.

FREVERT, Ute / HAUPT, Heinz-Gerhard (1999): Der Mensch des 20. Jahrhunderts, Frankfurt / Main, New York.

FREVERT, Ute / HAUPT, Heinz-Gerhard (2004): Der Mensch des 19. Jahrhunderts, Frankfurt / Main, New York.

GALL, Lothar (1993): Stadt und Bürgertum im Übergang von der traditionalen zur modernen Gesellschaft, Band 4, München.

GLANDER, Hermann (1978): Ahrenshoop. Maler entdecken ein Dorf, Schwerin.

GOLTINGS, Bernd (2005): Schienenwege zwischen Stralsund und Rostock. Verkehrsgeschichte der Halbinsel Fischland-Darß-Zingst, Band 1, Prerow.

GURLITT, Cornelius (1900): Die deutsche Kunst des 19. Jahrhunderts, Berlin.

HAHN, Heinz / KAGELMANN, H. Jürgen (1993): Tourismuspsychologie und Tourismussoziologie. Ein Handbuch zur Tourismuswissenschaft, München.

HAUBNER, Barbara (1998): Nervenkitzel und Freizeitvergnügen. Automobilismus in Deutschland 1886 – 1914, Göttingen.

HEIN, Dieter / SCHULZ, Andreas (1996): Bürgerkultur im 19. Jahrhundert: Bildung, Kunst und Lebenswelt, München.

HEPP, Corona (1987): Avantgarde. Moderne Kunst, Kulturkritik und Reformbewegungen nach der Jahrhundertwende. Deutsche Geschichte der neuesten Zeit vom 19. Jahrhundert bis zur Gegenwart, München.

HOHORST, Gerd / KOCKA, Jürgen / RITTER, Gerhard A. (1978): Sozial-geschichtliches Arbeitsbuch II. Materialien zur Statistik des Kaiserreichs 1870 – 1914, 2. Auflage, München.

JACOBEIT, Wolfgang / MOOSER, Josef / STRÅTH, Bo (1990): Idylle oder Aufbruch? Das Dorf im bürgerlichen 19. Jahrhundert. Ein europäischer Vergleich, Berlin.

KNUST, Herbert (1979): George Grosz. Briefe 1913 – 1959, Reinbek bei Hamburg.

KOSHAR, Rudy (2000): German Travel Cultures, Oxford, New York.

KRAMER, Dieter / LUTZ, Ronald (1993): Tourismus-Kultur. Kultur-Tourismus, Münster, Hamburg.

LEONARDI, Andrea / HEISS, Hans (2003): Tourismus und Entwicklung im Alpenraum 18. – 20. Jh., Innsbruck, Wien, München, Bozen 2003.

LINSTÄDT, Birte (1994): Kulturtourismus als Vermarktungschance für ländliche Fremdenverkehrsregionen. Ein Marketingkonzept am Fallbeispiel Ostbayern, Materialien zur Fremdenverkehrsgeografie 29, Trier.

LÖFGREN, Orvar (1999): On holiday. A history of vacationing, Berkeley, Los Angeles.

LÖSCHBURG, Winfried (1982): Von Reiselust und Reiseleid. Eine Kulturgeschichte, 2. Auflage, Leipzig.

LÜBBE, Gunther (2006): Das Fischland, Reihe Archivbilder, Erfurt.

LÜBBREN, Nina / CROUCH, David (2003): Visual culture and tourism, Oxford, New York.

MÜLLER-WALDECK, Gunnar / GRAMBOW, Jürgen (2003): Auf Dichters Spuren. Literarischer Wegweiser durch Mecklenburg-Vorpommern, Rostock.

NEGENDANCK, Ruth (2001): Künstlerkolonie Ahrenshoop. Eine Landschaft für Künstler, Fischerhude.

OPASCHOWSKI, Horst W. (1989): Tourismusforschung, Opladen.

PIERETH, Wolfgang (1996): Das 19. Jahrhundert. Ein Lesebuch zur deutschen Geschichte 1815 – 1918, München.

PRIGNITZ, Horst (1977): Vom Badekarren zum Strandkorb. Zur Geschichte des Badewesens an der Ostseeküste, Leipzig.

REULECKE, Jürgen / ZIMMERMANN, Clemens: Die Stadt als Moloch? Das Land als Kraftquell? Wahrnehmungen und Wirkungen der Großstädte um 1900, Basel.

RICHTER, Dieter (1996): Fremdenverkehr und lokale Kultur. Kulturanthropologische Untersuchungen an der Küste von Amalfi, o. O.

RITTER, Gerhard A. / KOCKA, Jürgen (1977): Deutsche Sozialgeschichte 1870 – 1914, 2. Auflage, München.

RITTER, Gerhard A. / TENFELDE, Klaus (1992): Arbeiter im Deutschen Kaiserreich 1871 – 1914, Bonn.

RÖMHILD, Regina (1990): Histourismus. Fremdenverkehr und lokale Selbstbehauptung, Frankfurt / Main.

RUPPERT, Wolfgang (2000): Der moderne Künstler. Zur Sozial- und Kulturgeschichte der kreativen Individualität in der kulturellen Moderne im 19. und 20. Jahrhundert, 2. Auflage, Frankfurt / Main.

SCHIEDER, Wolfgang / SELLIN, Volker (1986): Sozialgeschichte in Deutschland. Entwicklungen und Perspektiven im internationalen Zusammenhang, Band 2: Handlungsräume des Menschen in der Geschichte, Göttingen.

SCHREYER, Ingrid (2000): Wahlheimat für Freilichtmaler. Die Ahrenshooper Künstlerkolonie von der Kaiserzeit bis zur Gegenwart, Ahrenshoop.

SCHULZ, Friedrich (1992): Ahrenshoop. Die Geschichte eines Dorfes zwischen Fischland und Darß, Fischerhude.

SCHULZ, Friedrich (2005): Ahrenshoop. Künstlerkolonie an der Ostsee, Fischerhude.

SCHULZ, Friedrich (2001): Ahrenshoop. Künstlerlexikon, Fischerhude.

SCHULZ, Friedrich (2006): In »Ahrenshoop auf Wiedersehen«. Das »Bad der Kulturschaffenden« in den Jahren 1946 bis 1990, Kückenshagen.

SIEGRIST, Hannes / SCHRAMM, Manuel (2003): Regionalisierung europäischer Konsumkulturen im 20. Jahrhundert, Leipziger Studien zur Erforschung von regionenbezogenen Identifikationsprozessen, Band 9, Leipzig.

SPODE, Hasso (1996): Goldstrand und Teutonengrill. Kultur- und Sozial-geschichte des Tourismus in Deutschland 1945 bis 1989, Berlin.

SPODE, Hasso (2003): Wie die Deutschen »Reiseweltmeister« wurden. Eine Einführung in die Tourismusgeschichte, Erfurt.

WAGNER, Monika (1991): Moderne Kunst, Band 1, Das Funkkolleg zum Verständnis der Gegenwartskunst, Reinbek bei Hamburg.

WEGSCHEIDER, Fritz / WEGSCHEIDER, Andreas (1984): Ahrenshoop. Postkarten um die Jahrhundertwende, Leipzig, Ahrenshoop.

WIETECK, Gerhard (1976): Deutsche Künstlerkolonien und Künstlerorte, München.

DISSERTATIONEN

FECHNER, Renate (1986): Natur als Landschaft. Zur Entstehung der ästhetischen Landschaft, Frankfurt / Main, Bern, New York.

REHM, Alfred (2003): »Künstlerkolonien«. Zur historischen Bedeutung, räumlichen Differenzierung und begrifflichen Abgrenzung eines Phänomens und seine gegenwärtige Rolle im Tourismusmarketing, Mainz.

THIEM, Marion (1994): Tourismus und kulturelle Identität: Die Bedeutung des Tourismus für die Kultur touristischer Ziel- und Quellgebiete, Bern, Hamburg.

AUSSTELLUNGSKATALOGE

EHLER, Melanie (2001): Rückzug ins Paradies. Die Künstlerkolonien Worpswede – Ahrenshoop – Schwaan. Katalog zur Sonderausstellung vom 22. Juni 2001 bis 23. September 2001 im Vineta-Museum Barth, Berlin.

ERICHSON, Johannes (1995): 1000 Jahre Mecklenburg. Geschichte und Kunst einer europäischen Region. Katalog zur Landesausstellung, Schloss Güstrow, 23. Juni – 15. Oktober 1995, Rostock.

FUHRMANN, Dietmar / MUYSERS, Carola (1992): Profession ohne Tradition. 125 Jahre Verein der Berliner Künstlerinnen. Ausst. kat., Berlinische Galerie, Landesmuseum für moderne Kunst, Photografie und Architektur, Berlin.

GILLEN, Eckhart: Meer, Strand und Himmel als Sehnsuchtsziel und Zufluchtsort der Künstler seit Edvard Munch, 15. landesweite Kunstschau des Künstlerbundes Mecklenburg-Vorpommern e. V. im Mecklenburgischen Künstlerhaus Schloss Plüschow, Rostock.

GROSSMANN, Ulrich G.: Künstlerkolonien in Europa. Im Zeichen der Ebene und des Himmels. 15. Nov. 2001 bis 17. Febr. 2002, Ausst. kat. des Germanischen Nationalmuseums Nürnberg, Nürnberg.

PERIODIKA

ENGEL, Johann-Friedrich (1999): Tourismus und Tourismuskonzepte in Mecklenburg-Vorpommern, Rostocker Informationen zu Politik und Verwaltung, Heft 11, Rostock.

HERDIN, Thomas / LUGER, Kurt (2001): Der eroberte Horizont. Tourismus und interkulturelle Kommunikation, in: Bundeszentrale für politische Bildung: Aus Politik und Zeitgeschichte, Nr. 47, Bonn, S. 6 – 19.

LEES, Andrew (1979): Critics of urban society in Germany 1854 – 1914, Journal of the History of Ideas 40, S. 61 – 84.

MAASE, Kaspar: Nahwelten zwischen »Heimat« und »Kulisse«. Anmerkungen zur volkskundlich-kulturwissenschaftlichen Regionalitätsforschung, Zeitschrift für Volkskunde, 94. Jg., 1998 / I, S. 53 – 70.

PAGENSTECHER, Cord (1998): Neue Ansätze für die Tourismusgeschichte. Ein Literaturbericht, in: Archiv für Sozialgeschichte 38, S. 591 – 619.

THIEM, Marion (2001): Tourismus und kulturelle Identität, in: Bundeszentrale für politische Bildung: Aus Politik und Zeitgeschichte, Nr. 47, Bonn, S. 27 – 31.

VAN NAHL, Rudolf (2001): Kontinuität und Wandel in Ahrenshoop – von der Malerkolonie zum heutigen Künstlerort, in: Mitteldeutsches Jahrbuch für Kultur und Geschichte, Band 8, Köln, Weimar, Wien 2001, S. 125 – 140.

VERNISSAGE: Deutsche Künstlerkolonien 1890 – 1910 in der Städtischen Galerie Karlsruhe vom 25. September 1998 bis 17. Januar 1999, Heidelberg, 6. Jg., 10 / 1998.

Voyage. Jahrbuch für Reise- & Tourismusforschung. Schwerpunktthema: Warum Reisen?, Band 1, Köln 1997.

Voyage. Jahrbuch für Reise- & Tourismusforschung, Schwerpunktthema: Das Bild der Fremde – Reisen und Imagination, Band 2, Köln 1998.

Voyage. Jahrbuch für Reise- & Tourismusforschung, Schwerpunktthema: Tourismus verändert die Welt – aber wie?, Band 4, Köln 2001.

Voyage. Jahrbuch für Reise- & Tourismusforschung, Schwerpunktthema: Gebuchte Gefühle. Tourismus zwischen Verortung und Entgrenzung, Band 7, Wien 2005.

WÖHLER, Karlheinz (2001): Kultur oder Kult-Tour? Zur touristischen Kultura-lisierung von Räumen, Materialien zur angewandten Tourismuswissenschaft 35, Lüneburg.

ONLINEQUELLEN

BACHLEITNER, Reinhard / WEICHBOLD, Martin: Die multioptionale Gesellschaft. Von der Freizeit- zur Tourismusgesellschaft, http://www.univie.ac.at/OEGS-Kongress-2000/On-line-Publikation/Bachleitner-Weichbold.PDF.

DEUTSCHER TOURISMUSVERBAND E. V.:

100 Jahre DTV. Die Entwicklung des Tourismus in Deutschland 1902 – 2002, Bonn Mai 2002, http://www.deutschertourismusverband.de/content/files/100_jahre_dtv.pdf.

Tourismus in Deutschland 2006. Zahlen – Daten – Fakten, Bonn Mai 2007, http://www.deutschertourismusverband.de/content/files/zdf%202006.pdf.

EuroART: www.euroartcities.eu

FORSCHUNGSGEMEINSCHAFT URLAUB UND REISEN E. V.:

RA 2006, Kiel 2006, http://fur.de/downloads/FUR_Ergebnisse _2006.pdf.

RA 2007, Kiel 2007, http://fur.de/downloads/Reiseanalyse _2007.pdf.

KRIEGNER, Edith: Museen und Tourismus. Chancen und Probleme der Ko-operation am Beispiel ausgewählter oö. Museen, in: Trans. Internet-Zeitschrift für Kulturwissenschaften, Nr. 15, Juni 2004, http://www.inst.at/trans/15Nr/09_1/moerth_report15.htm.

KUNSTKATEN AHRENSHOOP: http://www.kunstkaten.de

KUNSTMUSEUM AHRENSHOOP: http://www.kunstmuseum-ahrenshoop.de

LICHTENBERG, Georg Christoph: Warum hat Deutschland noch kein großes öffentliches Seebad? Göttinger Taschen Calender, Göttingen 1793, http://gutenberg.spiegel.de/?id=5&xid=1630&kapitel=6&cHash=%20f516b9170aseebad#gb_found.

OVERDICK, Thomas: Landschaft und Museum. Theoretische Überlegungen zur Musealisierung von Landschaft, in: Museologie online, Virtual Library Museen, 1. Jg., Hagen 1999, http://www.vl-museen.de/m-online/99/99-1.pdf.

OSTSEE-ZEITUNG: http://www.ostsee-zeitung.de/archiv/index.phtml.

SCHOBER-LIFESTYLE-REPORT TOURISTIK: http://www.wuv.de/studien/2006/05/32363/page7.php.

SIEGRIST, Hannes: Vorlesung »Institutionalisierung und Professionalisierung der Kultur in Europa«, Sommersemester 2005, http://www.uni-leipzig.de/~kuwi/siegrist/protect/050426_Folien.pdf.

SPODE, Hasso: Die paneuropäische Touristenklasse. Zum Potential der Historischen Tourismusforschung, in: HOHLS, Rüdiger / SCHRÖDER, Iris / SIEGRIST, Hannes: Europa und die Europäer. Quellen und Essays zur modernen europäischen Geschichte, http://www.europa.clio-online.de/Portals/_Europa/documents/fska/E_2005_FS1-09.pdf.

STATISTISCHES AMT MECKLENBURG-VORPOMMERN: http://online.statistik-mv.de/index_mv.htm

WIRTSCHAFTSMINISTERIUM DER LANDESREGIERUNG MECKLENBURG-VORPOMMERN: Regionales Förderprogramm Mecklenburg-Vorpommern 2006, Schwerin 2005, http://www.wm.mv-regierung.de/doku/Regionales_Foerderprogramm.pdf.

SONSTIGE QUELLEN

GEMEINDE / KURVERWALTUNG AHRENSHOOP:

Ahrenshoop'er Kunstspuren. Eine Wanderung auf den Spuren der Ahrenshooper Malerkolonie, Broschüre.

Ahrenshoop'er Termine, monatlicher Veranstaltungsplan.

Auf den Spuren der Ahrenshooper Malerkolonie, Faltblatt.

AWIS (1992): Wirtschafts- und Strukturkonzept für die Gemeinde Ahrenshoop, Bremen.

Gästeankünfte in der Region Fischland-Darß-Zingst 2005, Statistik.

Gästelotse, Ortsführer.

GÖTZE, Hans (2005): Konzeption für das Fachsymposium »Künstlerkolonien in Mittel- und Osteuropa«, Nida (Nidden) 15.09. – 18.09.2005.

Jahresbericht 2005 der Kurverwaltung über die touristische Entwicklung im Ostseebad Ahrenshoop inkl. Gästebefragung, Sommer 2005.

Kapazitätsauslastung der Ostseebäder der Region Fischland-Darß-Zingst 2005 in Prozent, Statistik.

Kunst zwischen Meer und Bodden, halbjährlicher regionaler Veranstaltungs-kalender.

KREISARCHIV NORDVORPOMMERN, AUSSENSTELLE RIBNITZ-DAMGARTEN:

BAEDECKER, Karl (1896/99): Nordost-Deutschland nebst Dänemark, Handbuch für Reisende, Leipzig.

Brief von Kriegsgerichtsrat z. D. Garthe an den Kreisausschuss des Kreises Franzburg bezüglich des Wahlrechts für Forensen, 25.08.1925.

Ordnungen zur Erhebung der Kurtaxe in der Gemeinde Ahrenshoop, 1925/26.

Wahlverhandlung betreffend die Wahl eines Gemeindevorstehers für die Landgemeinde Ahrenshoop, 31.10.1927.

Bürgermeister a. D. Hoffmann: Die Bedeutung der Kurtaxe für Bäder und Kurorte, Vortrag auf dem Tag des VDO, Berlin, 24.02.1928.

Anträge von Hans Brass zur Pflasterung der Ahrenshooper Dorfstraße an den Vorsitzenden des Kreisausschusses des Kreises Franzburg-Barth, 04.09.1928, 07.08.1930.

Bericht über den Badeverkehr im Sommer 1928, 22.01.1929.

Brief über die Hebung des Fremdenverkehrs im Kreise Franzburg-Barth von Hans Brass an den Vorsitzenden des Kreisausschusses, 19.03.1929.

Briefe von Gemeindevorsteher Hans Brass an den Kreis Franzburg-Barth, 19.03.1929, 05.04.1929.

Brief von Hans Brass an den Althäger Gemeindevorsteher Pahnke, 21.06.1929.

Ostseebäderführer des Verbands Deutscher Ostseebäder, 1929, 1931.

Beschwerdeprotokoll, 03.07.1930.

Schilling-Berlin, W.: Sonnige Tage auf dem Fischlande, Nachrichtendienst der Reichsbahnzentrale für den Deutschen Reiseverkehr, Nr. 36, 02.09.1930.

Pommersche Tagespost: 16 pommersche Bäder melden sich zu Wort! 1930 brachte Sorgen!, Nr. 282, 4. Beiblatt, 30.11.1930.

Lübecker General-Anzeiger: Badesaison 1932. Unbefriedigendes Geschäft trotz erhöhter Frequenz – Pensionspreise, die den Saisoncharakter nicht berücksichtigen, Nr. 238, 3. Beilage, 09.10.1932.

Protokoll der Sitzung der Gemeindevertretung, 19.04.1933.

Brief des Gemeindevorstehers Ahrenshoop an das Kreisbauamt des Kreises Franzburg-Barth, 24.01.1934.

Brief von Rudolf Bender an den Reichsstatthalter von Preußen, 01.08.1934.

Beschluss der Gemeinde Ahrenshoop zum Ortsverbot für Juden und Halbjuden 1935.

Urlaubs-Aufenthaltsgesetz vom 27.06.1947.

Fremdenverkehr in mecklenburgischen Ostseebädern. Seine Aufgabe und seine Förderung vom Standpunkt einer Kurverwaltung aus gesehen. Denkschrift anlässlich der Tagung des Landesfremdenverkehrsausschusses im Ostseebad Kühlungsborn am 18. Januar 1950.

Protokoll über den Ausspracheabend des Kulturbundes, 26.08.1952.

Protokoll der Sitzung der Gemeindevertretung, 19.09.1952.

Protokoll der Einwohnerversammlung der Gemeinde Ahrenshoop, 15.06.1953.

Fremdenverkehrsstatistiken 1950 – 53.

Protokoll der Sitzung der Gemeindevertretung, 15.08.1956.

Beschlussentwurf zum Dorfplan für die sozialistische Entwicklung der Gemeinde Ahrenshoop im Jahr 1958.

Konzeptionspläne über die Perspektive des Ostseebades Ahrenshoop, 1963 – 68.

KUNSTMUSEUM AHRENSHOOP/ ARCHITEKTUR-FAKULTÄT DER BAUHAUS-UNIVERSITÄT WEIMAR: Nahes Verwandtes. Ein architektonischer Dialog – ausgewählte Entwurfsmodelle für das Kunstmuseum Ahrenshoop, CD-Rom, 2005.

MUSEUMSVERBAND IN MECKLENBURG-VORPOMMERN E. V. (2004): Kulturanalyse für Mecklenburg-Vorpommern. Auswertung einer Befragung von kulturellen Einrichtungen und Initiativen im Jahr 2004, Bentwisch.

REGIONALARCHIV FISCHLAND-DARSS-ZINGST:

HEINTEL, Hans (1997): Friedrich Grebe.

HIRSCH, Anton (1905): Die Bildenden Künstlerinnen der Neuzeit, Stuttgart.

KESSLER, Ansgar (1999): Hans Brass. Ein Lebensbild.

SCHULZ, Friedrich (1999): Ahrenshoop. Die Entwicklung des Ortes zum Seebad. Eine Ausstellung der Strandhalle Ahrenshoop, Tafel 1 – 24.

Vossische Zeitung, 15.08.1928.

Zeugnis für Gemeindevorsteher Hans Brass vom Vorsitzenden des Kreisausschusses des Kreises Franzburg-Barth, 30.05.1929.

Gästebuch der Künstlerkolonie Ahrenshoop des Kulturbundes für Mecklenburg-Vorpommern.

STADTARCHIV RIBNITZ-DAMGARTEN:

BRASS, Hans: Das Ahrenshooper Gesicht, in: Mecklenburgische Monatshefte, Heft 6, Juni 1927.

MÜLLER-KAEMPFF, Paul: Erinnerungen, in: Mecklenburgische Monatshefte, Heft 7, Juli 1926.

REISSERSCHEID, Dr. H.: Carl Malchin, in: Mecklenburgische Monatshefte, 2. Heft, Februar 1926.

TUTSCH, Claudia (2005): Künstlerkolonien und Tourismus in historischen Perspektiven am Beispiel Schreiberhau und Nidden, internationales Symposium »Künstlerkolonien in Mittel- und Osteuropa«, Nida (Nidden), 15.09. – 18.09.2005.

BILD- UND QUELLENNACHWEISE

S. 19: F.U.R.: Reiseanalyse 2006, Kiel 2006.

S. 21: Verlag A. Beckmann, Hof-Fotograf, Doberan, Privatbesitz.

S. 25: Prignitz, Horst: Vom Badekarren zum Strandkorb. Zur Geschichte des Badewesens an der Ostseeküste, Leipzig 1977.

S. 35: Siegrist, Hannes: »Institutionalisierung und Professionalisierung der Kultur in Europa«, Vorlesung an die Universität Leipzig, Institut für Kultur-wissenschaften, Sommersemester 2005.

S. 44, 61: Schulz, Friedrich: Ahrenshoop. Die Geschichte eines Dorfes zwischen Fischland und Darß, Fischerhude 1992, S. 93, 56.

S. 48: Fotograf: Fritz Wegscheider, Ahrenshoop, Privatbesitz.

S. 52, 66, 78, 130, 135-138: Kreisarchiv Nordvorpommern, Außenstelle Ribnitz-Damgarten.

S. 53, 64: Fotograf: Fritz Wegscheider, Hans C. Schmiedicke Kunstverlag, Markleeberg-Leipzig, Privatbesitz.

S. 55: Verlag H. Müller, Ahrenshoop, Privatbesitz.

S. 57: M. Glückstadt & Münden, Hamburg, Privatbesitz.

S. 58: Entwurf: Georg Hülsse, Ahrenshoop; Druck: Paul Cummerow, Putbus; Privatbesitz.

S. 84: DTV: Zahlen – Daten – Fakten. Tourismus in Deutschland 2006, Bonn Mai 2007, S. 11.

S. 84: F.U.R.: Reiseanalyse 2007, Kiel 2007, S. 4.

S. 85, 86: Statistisches Landesamt Mecklenburg-Vorpommern.

S. 89: Jätzold, Ralph: Differenzierungs- und Förderungsmöglichkeiten des Kulturtourismus und die Erfassung seiner Potentiale am Beispiel des Ardennen-Eifel-Saar-Moselraumes, in: Becker, Christoph / Steinecke, Albrecht: Kulturtou-rismus in Europa: Wachstum ohne Grenzen?, Trier 1993, S. 138.

S. 91: Schober Lifestyle-Report Touristik 2006, in: Werben und Verkaufen online, vgl.: http://www.wuv.de/studien/2006/05/32363/page7.php.

S. 96, 97: Kurverwaltung der Gemeinde Ahrenshoop.

S. 105: http://www.kunstkaten-ahrenshoop.de/5.html.

S. 130: Haubner, Barbara: Nervenkitzel und Freizeitvergnügen. Automobilismus in Deutschland 1886–1914, Göttingen 1998, S. 41.

S. 131: Ruppert, Wolfgang: Der moderne Künstler. Zur Sozial- und Kultur-geschichte der kreativen Individualität in der kulturellen Moderne im 19. und 20. Jahrhundert, Frankfurt / Main 2000, S. 125.

S. 139: Thiem, Marion: Tourismus und kulturelle Identität, in: Bundeszentrale für politische Bildung: Aus Politik und Zeitgeschichte, Nr. 47, Bonn 2001, S.27 – 31.

ANHANG **NR. 1:** Gästezahlen pro Jahr im Ostseebäder-Vergleich 1850 – 1935*

Jahr/Ort	Ahrenshoop	Prerow	Zingst	Dierhagen	Wustrow	Warnemünde**
1850	–	–	–	–	–	1.300
1870	–	–	–	–	–	2.500
1871	–	–	48	–	–	–
1880	–	90	–	–	–	–
1881	–	–	–	–	180	–
1883	–	–	–	–	300	–
1885	–	560	675	–	–	–
1887	–	–	–	–	–	4.000
1890	–	–	760	–	–	8.000
1893	150	–	–	–	–	–
1894	200	–	–	–	–	–
1895	–	1.330	–	–	–	–
1899	–	–	–	–	1.024	–
1900	450	1.705	1.900	150	1.000	14.000
1906	–	–	–	–	1.412	–
1909	900	–	–	–	1.617	–
1910	–	–	–	800	–	–
1913	950	–	–	–	–	–
1914	1.000	–	–	–	–	–
1925	785	–	–	–	–	–
1926	1.000	–	–	–	–	–
1927	1.459	–	–	–	–	–
1928	2.153	–	–	–	–	–
1929	2.684	–	–	–	–	–
1930	2.002	6.475	3.531	–	–	–
1931	1.822	–	–	–	–	–
1932	1.638	–	–	–	–	–
1933	1.430	–	–	–	–	–
1934	1.576	5.178	–	–	–	–

127

Jahr / Ort	Ahrenshoop	Prerow	Zingst	Dierhagen	Wustrow	Warnemünde**
1935	1.798	5.813	–	–	–	–
1936	1.798	–	–	–	–	–
1940	–	6.500	–	–	–	–
1943	2.329	–	–	–	–	–

* Ohne Tagesgäste. Aufgrund lückenhafter Quellen kann nur eine Tendenz in der Entwicklung aufgezeigt werden.
** Zum Vergleich: Rostock-Warnemünde war das meist besuchte Seebad.

Quelle: Zusammenstellung nach Archivmaterial.

ANHANG NR. 2: Entwicklung des Kraftfahrzeugbestands in Deutschland 1902 – 1914

Jahr	Gesamt	PKW	LKW	Krafträder
1902	4.738	–	–	–
1903	6.904	–	–	–
1904	11.370	–	–	–
1905	15.683	–	–	–
1906	21.003	–	–	–
1907	27.026	10.115	957	15.954
1908	35.922	14.671	1.443	19.808
1909	41.727	18.547	2.004	21.176
1910	49.941	24.639	2.823	20.479
1911	54.911	30.000	4.206	20.705
1912	70.006	43.162	6.687	20.157
1913	77.689	49.660	7.581	20.448
1914	93.072	60.876	9.639	22.557

Quelle: Haubner, Barbara: Nervenkitzel und Freizeitvergnügen. Automobilismus in Deutschland 1886–1914, Göttingen 1998, S. 41.

ANHANG NR. 3: Künstler im Hauptberuf und in selbstständiger Stellung
1882 – 1933

Jahr	Summe der Künstler		davon weiblich	
	ins-gesamt	in Prozent	absolut	in Prozent
1882	8.472	0,045 %	480	0,009 %
1895	10.336	0,047 %	1.063	0,016 %
1907	12.073	0,043 %	1.618	0,017 %
1925	12.484	0,039 %	2.355	0,020 %
1933	11.908	0,037 %	2.050	0,018 %

Quelle: Ruppert, Wolfgang: Der moderne Künstler. Zur Sozial- und Kulturgeschichte der kreativen Individualität in der kulturellen Moderne im 19. und 20. Jahrhundert, Frankfurt / Main 2000, S. 125.

ANHANG NR. 4: Der Kunstkaten in der DDR

Fritz Wegscheider, Vorsitzender der vorrangig aus Künstlern bestehenden *Kulturbund*-Ortsgruppe, verwaltete die Einrichtung gemäß seiner ursprünglichen Konzeption. Vor allem die Ahrenshooper Künstler und *Kulturbund*-Mitglieder *Arnold Klünder* und *Georg Hülsse* organisierten die Ausstellungen. Deren inhaltliche Gestaltung entsprach jedoch nicht den Vorstellungen der Zentralleitung des *Kulturbunds*, die durch eine zunehmend sozialistische Orientierung und kulturpolitische Ideologien gekennzeichnet waren. 1952 wurde die Verwaltung des Hauses der Gemeinde übertragen. Diese beschwerte sich in der Folgezeit mehrfach beim *Kulturbund* über den mangelhaften Gebäudezustand und die qualitativ schlechten Ausstellungen. Ab 1966 wurden verstärkt sowjetische, polnische und tschechoslowakische Kunstwerke präsentiert. Daneben gab es ein zunehmend professionalisiertes Ausstellungsprogramm aus Werken von einheimischen Künstlern und Malgästen, Retrospektiven, Laien-, Kinder- und Schülerausstellungen sowie kulturellen Veranstaltungen. Trotz der kulturpolitischen Forderung nach sozialistischer und Volkskunst gelang es den Ausstellungsmachern, ihren geringen Spielraum für die Präsentation davon abweichender Werke zu nutzen. Ein Brand zerstörte das Haus 1974. Es wurde nach langwierigen Diskussionen mit Unterstützung des Kulturfonds der DDR rekonstruiert, erweitert und 1977 als »multifunktionales, ganzjährig nutzbares kleines Kunstzentrum«[328] wiedereröffnet. 1981 wurde der *Kunstkaten* in die Kreisdenkmalliste des Kreises Ribnitz-Damgarten aufgenommen.

---

[328] Creutzburg, Gerlinde / Gröschner, Annett / Rensch, Inga: Kunststück Ahrenshoop, Rostock 2004, S. 276.

Anhang Nr. 5: Reiseliteratur über Fischland und Darß*

1819: August von Wehrs: Ahrenshoop zu Beginn des 19. Jahrhunderts, in: Der Darß und Zingst, ein Beitrag zur Kenntnis Neuvorpommerns

1862: C. J. F. Peters: Das Land Swante-Wustrow oder Das Fischland. Eine geschichtliche Darstellung

1885: L. Dolberg: Eine Küstenwanderung von der Warnow bis Wustrow durch die Rostocker Heide, Graal, Müritz, Dändorf und Dierhagen wie das Fischland

1896: Karl Baedeker: Nordost-Deutschland nebst Dänemark. Handbuch für Reisende

1900: Johann Segebarth: Die Halbinsel Darß-Zingst

1904: Friedrich Wilde: Ein Landschaftsidyll von der Halbinsel Darß

1911: Hans Witte: Kulturbilder aus Alt-Mecklenburg

1926: Ernst Duis: Wanderungen auf dem Darß, in: Unser Pommernland

1927: Friedrich Wilhelm Droß: Ein Ausflug in die Steinzeit

1934: Frido Witte: Zu Besuch auf dem Fischland

1934: Gustav Berg: Beiträge zur Geschichte des Darßes und des Zingstes

1948: Gerhard Ringeling: Fischländer Volk

1954: Gertrud Anders: Die Halbinsel Darß und Zingst

* Auswahl

ANHANG NR. 6: Literarische, publizistische und musikalische Reflexionen
über Ahrenshoop*

1893: Axel von Demandowski: Die Ahrenshooper – Vaterländisches Spiel
in einem Aufzug

1906: Heinz Tovote: Hilde Vangerow und ihre Schwestern

1907: Alfred Richard Meyer: Ahrenshooper Abende – Fünf lyrische Pastelle
von Alfred Richard Meyer

1907: Johannes Trojan: Das neue Ostseebad

1907: Edmund Edel: Ahrenshoop. Das Malernest, in: Berliner Tageblatt

1908: Oswald Körte: Das Lied von Ahrenshoop

1917: Lely Kempin: Die heilige Insel – Eine Sommergeschichte

1917: Toska Lettow: Swante Wustrowe – Roman aus dem Fischland

1924: Martin Heimann: Abschied von der Bühne

1926: Paul Müller-Kaempff: Erinnerungen an Ahrenshoop,
in: Mecklenburgische Monatshefte

1927: Hans Brass: Das Ahrenshooper Gesicht,
in: Mecklenburgische Monatshefte

1946: Herbert Bartholomäus: Reise eines Malers nach Ahrenshoop

1950: Johannes R. Becher: Ahrenshooper Tagebuch,
in: Auf andere Art so große Hoffnung. Tagebuch

1953: Käthe Miethe: Die Flut. Bilder vom alten Ahrenshoop

1954: Arnold Zweig: Strand und See – Künstler in Ahrenshoop,
in: Bildende Kunst

1956: Jürgen Lenz: Von Seemannsdörfern, Studenten und Fischländern

1973: Marie Luise Kaschnitz: Orte. Aufzeichnungen (Kapitel »Ostpreußen«)

1973/83: Uwe Johnson: Jahrestage. Aus dem Leben von Gesine Cresspahl

1988: Agnes Griesebach: Eine Frau Jahrgang 13. Roman einer unfreiwilligen
Emanzipation

* Auswahl

ANHANG NR. 7: Kritik an den Werbemaßnahmen durch Hans Brass

Hans Brass kritisierte die teure und wenig professionelle Werbearbeit der Ostseebäder des Kreises und plädierte für die Schaffung einer Stelle, die sich »ernsthaft und fachmännisch mit allen Fragen der Verkehrswerbung befasst« sowie den Einsatz neuer Werbemittel: »Die bisher übliche Werbung der Ostseebäder des Kreises war und ist, – rein dilettantisch, grösstenteils unzweckmäßig und ungeheuer kostenspielig. Es fehlt an Fachleuten, die den Badeverwaltungen beratend zur Seite stehen. […] Die Werbung durch Bild, Schrift und Wort macht sich noch am ehesten bezahlt für solche Orte, die in besonders markanter Landschaft gelegen sind, oder die Bauten von historischem Wert aufzuweisen haben. Für die Ostseebäder aber […] sind diese Werbemittel nicht ausreichend, weil unserer Landschaft das Grandiose fehlt, was an sich ja bereits eine beträchtliche Reklamewirkung besitzt. Die Wucht der Nordsee oder der Alpen und auch die abwechslungsreiche Lieblichkeit des Mittelgebirges besitzt unsere Landschaft nicht. Dieselbe ist spröde und man muss ihre reizvollen Schönheiten suchen. […] Wenn es gelingt, die insulare Lage des Darss in das Bewusstsein der Inländer zu hämmern, so würde damit ein Werbefaktor von unermesslicher Wichtigkeit entstehen. […] Es ist einleuchtend, dass der Suchende durch die Vorführung eines bis in alle Einzelheiten originalgetreuen Modells sich sofort objektiv über die Situation unterrichten kann. Die Werbewirkung des Inserats ist aber von kurzer Dauer […]. Ausserdem würden die Badeverwaltungen in ihren Prospekten sich die Werbewirkung der Photographie des Modells nicht entgehen lassen […]. Gegenüber allen anderen Werbemitteln behält das Modell dauernd seine Werbekraft. Gegenüber allen anderen Werbemitteln erfordert es nur eine einmalige Ausgabe. Auf Messen und Ausstellungen würde das Modell in Verbindung mit den kostenlos zu verteilenden Werbeschriften der Bäder einen durchschlagenden Erfolg haben. […] Eine weitere Erfolgswirkung für die Werbung liegt in der Verwendung der plastischen Photographie. Wie beim Modell liegt ihre Werbekraft in der sinnlichen Wahrnehmbarkeit, – in der Anschaulichkeit. Es befinden sich dauernd in deutschen Städten Ausstellungen und Messen.«

Quelle: Brief über die »Hebung des Fremdenverkehrs im Kreise Franzburg-Barth« von Hans Brass an den Vorsitzenden des Kreisausschusses, 19.03.1929.

ANHANG NR. 8: Ahrenshooper Verkehrssituation

»Die Dorfstrasse in Ahrenshoop ist zur jetzigen Jahreszeit in einem unwürdigen u. unbeschreiblichen Zustand. An eine Benutzung durch Motorfahrzeuge ist zur Zeit nicht zu denken. Aber auch andere Fahrzeuge haben derartige Schwierigkeiten, dass immer wieder der gepflasterte Bürgersteig als Fahrweg benutzt wird. [...] Autos müssen in Althagen stehen bleiben, oder sind genötigt, sich durch Pferdegespann herausbringen zu lassen. Ahrenshoop u. Althagen werden von Autobesitzern vielfach als Autofallen bezeichnet.«

Quelle: Brief des Ahrenshooper Gemeindevorstehers Droege an das Kreisbauamt des Kreises Franzburg-Barth, 24.01.1934.

ANHANG NR. 9: Antrag zur Pflasterung der Ahrenshooper Dorfstraße

»Der in der reinen Luft begründete Vorzug Ahrenshoops droht aber vernichtet zu werden durch die bald erwartete Fertigstellung der Mecklenburgischen Fischland-Chaussee. Bereits jetzt, wo diese erstklassige Betonstrasse nur bis Dierhagen durchgeführt ist, hat Ahrenshoop eine bedeutende Zunahme des Autoverkehrs zu verzeichnen. Diese an sich sehr zu begrüssende Verkehrszunahme kann jedoch zum Vorteil nur dann ausgewertet werden, wenn wenigstens durch das Dorfgebiet eine staubfreie Kunststrasse führt, andernfalls wird dieser zunehmende Verkehr alle Vorzüge und Entwicklungsmöglichkeiten wieder vernichten. [...] Wenn diese Wagen aber durch den tiefen Staub unserer ungepflasterten Dorfstrasse fahren, so wird die Wirkung für den Badeort vernichtend sein. [...] Grade jetzt besteht die zwingende Notwendigkeit, unsere Dorfstrasse in einen Zustand zu versetzen, der den hygienischen Erfordernissen eines Badeortes entspricht. [...] In Ansehung der ausserordentlichen Entwicklung Ahrenshoops als Ostseebad und klimatischer Luftkurort ist sofort mit dem Bau einer befestigten und staubfreien Strasse im Gebiet der Ortschaft zu beginnen.«

Quelle: Antrag zur Pflasterung der Dorfstraße des Ahrenshooper Gemeindevorstehers Hans Brass an den Vorsitzenden des Kreisausschusses des Kreises Franzburg-Barth vom 04.09.1928.

ANHANG NR. 10: Übersicht über Beruf und Herkunft der Ahrenshooper
Gemeindevorsteher 1894 – 1947

Zeitraum	Gemeindevorsteher	Beruf / Herkunft
bis 1894	Fritz Paetow	Bauer / Ahrenshoop
1895 – 1909	Friedrich Krohn	Kapitän / Ahrenshoop
1909 – 1916	Heinrich Niemann	Müllermeister / Ahrenshoop
1916 – 1922	Martin Rubarth	Kapitän, Gastwirt / Ahrenshoop
1922 – 1925	Hans Friedrichs	Bäckermeister / Ahrenshoop
1925 – 1927	Walter Niemann	Müllermeister / Ahrenshoop
1927 – 1931	Hans Brass	Kunstmaler, Mitinhaber der *Bunten Stube* / Wesel am Rhein
1931 – 1932	Herr Knecht (Vorname nicht bekannt)	nicht bekannt / Ahrenshoop
1932 – 1933	Curt Kluge	Pensionspächter / Melsungen
1934 – 1935	Reinhold Droege	unbekannt / Sellin
1935 – 1936	nicht bekannt	Maler / Franzburg
1936 – 1937	Emil Gräff	Malermeister / Ahrenshoop
1945 – 1947	Hans Brass	Kunstmaler, Mitinhaber der *Bunten Stube* / Wesel am Rhein

Quelle: Zusammenstellung nach Gemeindeakten.

ANHANG NR. 11: Gemeindewahlrecht für Forensen

»Wir alle haben [...] einen zweiten Wohnsitz in Ahrenshoop. Wir haben uns hier vor langen Jahren ständig niedergelassen [...] und bewohnen jeder sein Sommerhaus hier Jahr für Jahr in jedem Sommer für längere Zeit [...]. Wir zahlen hier deshalb nicht nur die Grundsteuer für unser Hausgrundstück, sondern auch alle Gemeindesteuern [...]. Wir sind hier 27 Sommerhausbesitzer, – im Verhältnis zu den alten Einwohnern eine sehr grosse Zahl – und sind mit dem Wohl und Wehe des ganzen Dorfes seit langen Jahren auf das innigste verknüpft. In Anbetracht der Anforderungen der Neuzeit ist es dringend wünschenswert, dass an den Angelegenheiten auf einer kleinen Gemeinde geschäftserfahrene Leute, die im grossen Getriebe draussen stehen, und auch Juristen teilnehmen: von beider Arten sind mehrere unter den Sommerhausbesitzern. [...] Auch sonst haben die Sommerhausbesitzer in gemeinnütziger Beziehung viel für den Ort getan.«

Nach der Klage durch die Sommerhausbesitzer – sie wehrten sich gegen die Bezeichnung »Forensen« – kam es 1926 zur Verhandlung. Von früheren Gemeindevorstehern war ihnen das Wahlrecht zwar gewährt worden, doch hatten sie es kaum ausgeübt, da die Gemeindewahlen meist im Winter stattfanden. Es waren bereits Forensen Gemeindevertreter gewesen, zum Beispiel 1924 der Regierungsrat *Dr. Dross*.

Quelle: Brief der Forensen, vertreten durch den Rostocker Kriegsgerichtsrat z. D. Garthe, an den Vorsitzenden des Kreisausschusses des Kreises Franzburg vom 25.08.1925.

ANHANG NR.12: Pauschalurteile zur Wirkung von Tourismus auf die Zielregion

Marion Thiem benennt Thesen zu den kulturellen Auswirkungen von Tourismus, die in den letzten Jahrzehnten innerhalb der Tourismusforschung gängig waren, jedoch nicht belegt sind:

Der drohende Kulturverlust sei eine grundsätzlich negative Erscheinung.

Ursprüngliche und intakte Gemeinschaften würden bedroht und zerstört.

Tourismus führe zu einer negativen Dominanz des Gewinndenkens.

Der Wandel von Folklore in Folklorismus sei ein Zeichen der negativen Kulturzerstörung.

Schutz und Erhaltung der einheimischen Kultur seien aus der Perspektive der Bevölkerung wünschenswert.

Die touristische Wiederbelebung vergangener Kulturmerkmale sei identitätsstiftend.

Diesen Pauschalurteilen liegt laut *Thiem* ein starres und museales Kulturverständnis zugrunde, dass die Sicht der Einheimischen auf den kulturellen Wandel und die historischen Bezüge vernachlässigt. Dieses idealtypische Kulturbild romantisiere die ländlichen Gebiete und vergangene Reiseformen. Die Funktion der Kultur bleibe unberücksichtigt.

Quelle: Thiem, Marion: Tourismus und kulturelle Identität, in: Bundeszentrale für politische Bildung: Aus Politik und Zeitgeschichte, Nr. 47, Bonn 2001, S. 27 – 31.

ANHANG NR. 13: Ökonomische Effekte von Kulturtourismus

Ökonomische Effekte von Kulturtourismus entstehen auf drei Ebenen. Voraussetzung ist jedoch ein entsprechend attraktives Kulturangebot, das tatsächlich Publikum von außerhalb anzieht, das wiederum weitere Kulturinteressierte anwirbt. Erstens erwirtschaftet die kulturelle Einrichtung bzw. Veranstaltung selbst Umsätze. Zweitens tendieren die Gäste der Institution dazu, im Rahmen ihres Besuchs zusätzlich Geld in Gast- und Hotelgewerbe, Dienstleistungen und Einzelhandel zu investieren. Diese zusätzliche Kaufkraft wirkt sich demnach ebenso auf Umsätze und Beschäftigung dieser Unternehmen aus. Die dritte Ebene bezeichnet nicht-monetäre, kaum objektiv bewertbare Wirkungen wie Imagegewinn, Erhöhung des Bekanntheitsgrades und dessen Reichweite, Verbesserung der Lebensqualität in der Gemeinde u. ä. Faktoren. Auch wenn der einzelne Kulturbetrieb nicht unbedingt wirtschaftlich rentabel ist und öffentlicher Zuschüsse bedarf, ist der ökonomische und touristische Nutzen für den jeweiligen Standort nicht zu unterschätzen.